赣南师范学院学术著作出版专项经费资助项目

基于竞争力培育的物联网产业发展研究

——以江西为例

钟祥喜◎著

中国社会科学出版社

图书在版编目（CIP）数据

基于竞争力培育的物联网产业发展研究：以江西为例／钟祥喜著 . —北京：
中国社会科学出版社，2015. 11
ISBN 978 - 7 - 5161 - 7110 - 3

Ⅰ. ①基… Ⅱ. ①钟… Ⅲ. ①互联网络 - 应用 - 产业发展 - 研究 - 江西省
②智能技术 - 应用 - 产业发展 - 研究 - 江西省 Ⅳ. ①F426. 67

中国版本图书馆 CIP 数据核字（2015）第 281967 号

出 版 人	赵剑英
责任编辑	任 明
责任校对	郝阳洋
责任印制	何 艳

出 版	中国社会科学出版社
社 址	北京鼓楼西大街甲 158 号
邮 编	100720
网 址	http：//www. csspw. cn
发 行 部	010 - 84083685
门 市 部	010 - 84029450
经 销	新华书店及其他书店

印刷装订	北京市兴怀印刷厂
版 次	2015 年 11 月第 1 版
印 次	2015 年 11 月第 1 次印刷

开 本	710×1000 1/16
印 张	14
插 页	2
字 数	302 千字
定 价	55. 00 元

凡购买中国社会科学出版社图书，如有质量问题请与本社营销中心联系调换
电话：010 - 84083683

摘　　要

　　物联网产业被称为万亿级市场规模的产业。物联网技术可以提高信息透明度与管理效率、改造传统产业、促进信息化与工业化深度融合、构建我国新的竞争优势，以及进一步提升国家的创新意识和创新水平。在这信息技术发展的第三次浪潮中，在产业发展之初如何对未来产业的竞争力培育做好规划并按照既定线路进行物联网产业竞争力的培育，是物联网产业发展之初值得认真思考的问题。本书基于上述问题进行研究，主要内容和主要结论如下：

　　1. 首先对物联网、竞争力和产业发展的基础理论进行了研究。具体包括：物联网基础理论、产业发展理论和产业竞争力理论。其中产业竞争力理论部分分别对产业竞争力决定因素、区域产业竞争力、高技术产业竞争力和产业竞争力的研究方法进行了综述。

　　2. 通过对物联网的技术体系、商业模式、主导设计、市场规模等的研究，认定我国的物联网产业发展处于形成期。根据经典产业竞争力理论及物联网产业的发展特点，以及物联网产业的"经济属性""社会属性"和"生态属性"，归纳出形成期物联网产业竞争力的影响因素为：产业技术创新、政府、产业集群、管理自主创新、市场接受与应用，以及对经济社会和生态的联动作用。根据上述的定性分析，通过问卷调查获取数据，利用结构方程模型（SEM）进行定量分析，结果显示：产业技术创新、产业集群和政府是影响形成期物联网产业竞争力的关键因素。

　　3. 利用专利引文和词频分析法找出物联网技术的核心专利和关键技术，基于"推拉模型"和"人类技术共生模型"设计评价物联网技术竞争力的指标，利用地理位置跨越东、中、西部的 15 家物联网上市公司的年报数据，用灰色关联法对东、中西部物联网企业的技术竞争力的影响因素进行了评价，结果显示：专利是影响东部地区的物联网技术竞争力的主要因素，社会接受度（销售收入）是影响中西部地区物联网技术竞争力的主要因素。

4. 对我国物联网产业集群进行了分析，基于评价产业集群竞争力的 GEM 模型，结合物联网产业发展特点以及我国企业面临价值链升级的特殊阶段，构建了用于评价物联网产业集群竞争力的 G^2EM-CI 模型，利用灰色关联法，基于北京中关村、无锡新区、武汉东湖和南昌高新区的数据对影响物联网产业集群竞争力的影响因素进行评价，结果显示主要影响要素为：基础、互动和价值链；主要的影响因素是：协会/联盟、专利、技术员和本地市场。

5. 基于技术接受模型（TAM），结合物联网技术的特点和发展阶段，构建物联网技术接受和应用模型（I_0T-TAM），对影响物联网技术接受和应用的影响因素进行问卷调查，对调查数据使用结构方程模型（SEM）进行定量分析，结果显示：物联网技术接受和应用的主要影响因子是便利条件、感知收益、感知有用性和感知易用性。

6. 基于江西省 IPv4/IPv6 地址、手机普及率、软件、电子信息制造业等产业发展基础，以及江西物联网企业的"钻石模型"产业发展环境状况，综合考察上述影响物联网产业竞争力培育的各个影响因素，提出培育物联网专利技术竞争力、加强物联网技术人才的培养、建立物联网产业联盟、建立物联网示范工程、政府社会提供更多使用物联网的便利等建议。

关键词：竞争力；物联网；产业发展；江西

ABSTRACT

Internet of Things (I_oT) is known as a industry owned one trillion market size. I_oT technology can improve the transparency of information and public management efficiency, transform traditional industries, and deeply promote the integration of informationizing and industrialization, construct new competitive advantages of our nation, and to further enhance the sense of innovation and the level of innovation. In the third wave of information technology development, at the beginning of the development of the industry, how to nurture the competitiveness of the industry in the future and to make a good plan for the nurturing is a things worthy of serious thinking about. This article is a study based on the above issues, the main contents and conclusions are as follows:

1. Firstly, this article gives a study on the basic theory of the Internet of Things and competitiveness. That includes: basic theory of Internet of Things, the theory of industrial development, and industrial competitiveness theory. The part of the theory of industrial competitiveness includes determinants of industrial competitiveness, regional industrial competitiveness, high-tech industrial competitiveness and industrial competitiveness research methods.

2. According to the study of technology system, business model, dominant design and market size of Internet of Things, the article gives the conclusion: China's Internet of Things Industry development is at formative period. According to the theory of classic industrial competitiveness and development characteristics of I_0T, the study summarized that influencing factors of the Internet of Things industrial competitiveness at the formative period: industrial technology innovation, government, industry clusters, independent management innovation, market acceptance and application, as well as economic and social and ecological linkage. According to the above qualitative analysis, the question-

naire data obtained through survey is analysed by Structural Equation Modeling (SEM) for quantitative analysis, the results show: industrial technology innovation, industry clusters and government are the key factors which affect competitiveness of Internet of Things industry.

3. Identifying the core patent and key technologies for the Internet of Things with patent citations and word frequency analysis, based on "push-pull model" and "human technology symbiotic model", the study designs evaluation index of technology competitiveness of Internet of Things technology, according to annual report data of 15 listed companies of Internet of Things which located across Eastern, Central and West China, the article analyses influencing factors of technological competitiveness with Gray method, the results show: patent is the major factor for companies in East China, social acceptance (sales revenue) is the major factor for companies in Central and Western China

4. The study gives analysis of industry cluster of Internet of Things. Based on GEM model, according to development characteristics of China's Internet of Things and special stage at which China is upgrading value chain of industry, the article constructed G^2EM-CI model for the evaluation of industrial clusters competitiveness, with Gray, based on data of Beijing's Zhongguancun, Wuxi New District, Wuhan East Lake and Nanchang High-tech Zone, the study made evaluation of influencing factors for Internet of Things industry cluster, the results show that the major influencing factors are foundation, interaction and value chain; major influencing elements are association / union, patents, technicians and local market.

5. Based on the Technology Acceptance Model (TAM), combined with the development characteristics of the Internet of Things technology and special stage of Internet of Things, Internet of Things technology acceptance and application model (I_oT-TAM) is made, the author refers to the current references to design the scale with his own, Structural Equation Modeling (SEM) analyses the survey data from the questionnaire and results showed that the impact factors are convenient conditions for the acceptance and application of the Internet of Things technology, perceived benefits, perceived usefulness and perceived ease of use.

6. With the basis of industrial development of the Internet, electronic, communications, software in Jiangxi Province, and the conditions such as production factors, demand conditions, related and supporting industries and corporate strategy structure and competition for Internet of Things enterprises in Jiangxi, solutions such as fostering Patent technology competitiveness, strengthening the training of technical personnel of the Internet of Things, establishment of industry alliance of Internet of Things, establishment of demonstration project of Internet of Things and using convenience for product of Internet of Things from government and society are recommended.

Key words: Competitiveness; Internet of Things; Industrial Development; Jiangxi

目　　录

第一章　绪论

第一节　引言

在计算机领域有个非常著名的定律叫"摩尔定律"，是由英特尔（Intel）创始人之一戈登·摩尔（Gordon Moore）提出来的。其内容为：当价格不变时，集成电路上可容纳的晶体管数目，约每隔 18 个月便会增加一倍，性能也将提升一倍。这一定律揭示了信息技术进步的速度。其实，随着科技的不断发展，信息技术领域不仅速度提升加快，IT 产业也在加速的转型之中。旧的产业在不断地进入产业衰退期或转型期，新的产业正在不断的形成中，正如 IBM 前首席执行官郭士纳提出的一个观点：计算模式每隔 15 年发生一次变革，人们形象地称之为"15 年周期律"。例如，1950 年左右，出现了电子计算机，1965 年前后出现了以大型机为标志的变革，而 1980 年个人计算机得到了广泛的普及，1995 年发生了互联网的革命，再翻过去 15 年，也就是 2010 年左右，物联网正掀开了人类认识社会、人际交往、政府管理、公共服务的新篇章。

目前，物联网是各国重点发展的产业。我国已经把物联网产业作为七大战略性新兴产业之一来扶持。物联网概念股一路走高，意味着平民百姓对物联网的关注和期待逐步走高。确实，物联网能够为普通百姓解决许多问题。例如，在沃尔玛超市中购物，假如商品中贴有 RFID 标签，购物者不用花长时间排队等候埋单，超市的系统就自动地对商品中的电子标签进行扫描从而自动结账，省去了等候的苦恼。又如，智能冰箱会对所储存的蔬菜进行检查，感知到快腐烂变质的迹象会在第一时间报告给主人。"耐克"牌的运动鞋在主人跑步过程中，会时刻报告给主人有关他此时血压、呼吸、心跳等各方面的健康信息。这一切都是物联网带给人们的生活便利。宏观经济方面，我国正处于改革攻坚期和经济发展的转型期，中国对环境污染的解决已刻不容缓。国家统计局公布的数据显示，我国2004年调整后的GDP占世界的份额也只有4.4%，而当年我国消费的原油、原煤、铁矿石、钢材、氧化铝、水泥，却分别占全世界消费总量的7.4%、31%、30%、27%、25%和40%，我国单位GDP能耗明显高于相同阶段的其他国家和地区（见图1.1）。中国不能再走"高投入、高消耗、高污染、低效益"（三高一低）的经济发展道路，而是应该发展"低投入、低消耗、低污染、高效益"的产业，让环境问题得到及时的遏制及进一步的解决。发展高新技术是一条正确的道路，特别是发展依赖知识资源的物联网产业。因为知识资源是一种典型的"效益递增"型资源，不存在"资源有限"的上限问题。

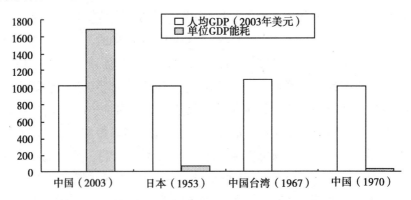

图1.1　我国单位GDP能耗与其他国家能耗的对比图

资料来源：世界银行、申银万国证券研究所

　　事实上，国家领导人早就对物联网这一战略性新兴产业作了部署。2009年，温家宝总理在视察江苏无锡"中国物联网研究中心"时强调，"在物联网的发展中，要早一点谋划未来，早一点攻破核心技术，特别是与我国自主知识产权的TD-SCDMA技术相融合"。《国民经济和社会发展第十二个五年计划》中提到"新一代信息技术产业重点发展新一代移动通信、下一代互联网、三网融合、物联网、云计算、集成电路、新型显示、高端软件、高端服务器和信息服务"，提出要大力发展物联网产业。工业与信息化部在2011年11月28日发布了《物联网"十二五"发展规划》，强调"物联网对加速转变经济发展方式所具有的推动作用非常重要，是战略性新兴产业的重要组成部分"，并从"现状及形势""指导思想、发展原则、发展目标""主要任务""重点工程""保障措施"五大方面进行规划，其中提出了"攻克核心技术""构建标准体系""推进产业发展""培育骨干企业""开展应用示范""合理规划区域布局""加强信息安全保障""提升公共服务能力"八大主要任务和建设"关键技术创新工程""标准化推进工程""'十区百企'产业发展工程""重点领域应用示范工程""公共服务平台建设工程"五大工程。

物联网在节能减排、提升技术创新能力、解决环境问题、给前进乏力的世界经济注入活力等方面显露出较强的能力。根据《2010—2011 年中国物联网产业发展研究年度报告》，全球物联网市场规模 2010 年大于1000 亿美元，2013 年将大于 1700 亿美元，每年平均增长率 30%。因此世界各国都对这块号称"万亿级"的产业摩拳擦掌。美国总统奥巴马对IBM（国际商用机器）公司的计划——"智慧地球"计划给予积极的回应与支持；欧盟制定了专门的物联网规划——《欧盟物联网行动计划》，对物联网的发展进行全面的规划；日本定位物联网为国家的战略重点之一；与此同时，韩国对物联网的发展高度重视，出台了发展物联网产业及技术的相关规划。

国内方面，各省市在国家出台物联网国家规划之前，早已对物联网产业做好了区域规划。江苏省较早出台了《江苏省物联网产业发展规划纲要（2009—2012 年）》；北京市出台了《北京市物联网应用"十二五"规划（初稿）》。无锡市制定《无锡市物联网产业发展规划纲要（2010—2015 年）》，投资金额达到 60 亿元，主要建设的物联网项目达到 12 项，其中包括智慧交通、智慧环保、智慧工业、智慧农业、智慧电力、智慧园区等。青岛市制定《青岛市物联网应用和产业发展行动方案（2011—2015）》，未来 5 年将重点实施 7 大领域物联网应用示范工程，拉动产业快速发展。2010 年 4 月 26 日，上海市《上海推进物联网产业发展行动方案（2010—2012 年）》出台，方案主要内容是将在上海建设成数目达到十个的物联网示范工程。杭州市制定《杭州市物联网产业发展规划（2010—2015 年）》，规划中重点内容是推进四个物联网示范工程：智慧"两化"、智慧城市、智慧生活、智慧环境监控。国家层面，工业与信息化部（工信部）发布了《物联网"十二五"发展规划》（以下简称《规划》）。《规划》中提出我国发展物联网产业的目标，即到 2015 年，我国构建成较为齐全的物联网产业体系，形成从感知层的感应器制造、传输层的通信业务以及应用层的软件、微操作系统及应用平台等完善的物联网产业链，全国形成物联网产业聚集中心 10 个，骨干企业数量达到 100 家以上，一批极具特色的物联网中小企业，以及建设一批范围涉及各行各业、对业务支撑作用较为强劲的公共性物联网服务平台。

在全国及各地纷纷规划物联网产业的过程中，有一个不可回避的问题：如何培育具有较强竞争力的物联网产业？这是一个在物联网产业规划初期便要思考的问题。事实已经证明，我国再也不能走过去处于价值链低端、靠赚取一些辛苦钱来发展经济的道路。只有走出产业价值链的低端，爬到"微笑曲线"的两端，才能造就富有竞争力的产业。物联网产业正处于发展初期，发展初期的物联网产业的发展特点是什么？是什么因素决定着发展初期的物联网产业竞争力？影响因素中哪些因素是关键因素？本书正是从发展初期物联网产业的竞争力为思考问题的起点，去探寻影响形成期物联网产业竞争力的因素，最后再回到原点，探寻提升物联网产业竞争力的对策。

第二节　选题的意义

本书的选题具有丰富的理论与实践意义。

理论方面，本研究可以丰富产业发展理论、竞争力与产业竞争力研究的内容，结合中国的具体国情和各区域情况，丰富中国的产业发展、产业竞争力研究，特别是战略性新兴产业的竞争力研究。产业发展研究、国家竞争力、产业竞争力和企业竞争力的研究虽然已经经历几十年的历程，但是大多数研究只是针对国家整体产业或某一大类产业进行研究，得出的结论也是一般性规律。例如，波特的"钻石模型"，尽管是在调研了世界十多个国家 100 多个产业之后得出的结论，其研究成果也不缺乏可操作性和适用性，但是世界各国的经济、社会、科技发展情况千差万别，在进行具体的国家的产业分析时，"钻石模型"多少显得有些乏力，引来很多学者对其提出批评。因此，从适用性、可操作性和指导性来讲，结合国家和区域的情况具体研究某个产业的竞争力更具有意义，特别是战略性新兴产业，研究其发展的规律，掌握其竞争力的关键因素，对于国家和地区的经济发展更有意义。

实践方面，目前我国正处于改革攻坚期和经济转型期，调整经济结构与治理环境刻不容缓。（1）加紧对物联网产业的发展研究和产业竞争力研究，可以加快发展我国物联网产业，有利于构建较为合理的现代产业体系，走新型的工业化道路，推进工业化与信息化深层次的融合，带动传统产业如资源消耗型产业的加快转型升级，催生新的经济增长点。因此，进行物联网产业发展、竞争力研究，有利于在新一轮的产业竞争中占领制高点，避免像前两代信息技术——计算机、互联网那样，我国只能落人于后、被美国牵着走的现状。目前，物联网技术源自于美国，但是我国也是世界上掌握物联网核心技术的少有的几个国家之一（其余是美国、欧盟、日本、韩国）。例如，由我国自行研制的 TD-SCDMA，是 3G 网络的三大标准之一，我国具有自主知识产权，并且赢得很多国家和经济体如欧盟等采用该种标准，占据较大的市场份额。在物联网产业上加强研究可以构建我国符合科学发展的产业结构。而且物联网产业消耗资源少，却能提高管理及生产效率，符合我国走新型工业化道路的选择。我国的很多传统产业由于具有资源消耗过度、环境污染严重等缺点，急需用信息技术带动传统产业转型升级。除此之外，物联网产业涉及的产业链很长，许多新的行业和工业门类因物联网技术而被催生，需要很多初级、中级、高级的就业人员，因此可以缓解我国紧张的就业问题。（2）加紧对物联网产业的发展研究和产业竞争力研究，可以加快发展物联网产业，有利于提高人民生活水平，是全面实现小康社会的迫切需要。特别是加强物联网在教育、医疗卫生、政府管理、社区服务等各方面的广泛运用，可以满足人民群众日益增长的物质、文化、健康等方面的需求。物联网技术有很多应用于与人民生活息息相关的领域，智慧医疗通过一些微小的芯片，可以监测到人体微小的生理变化，进而可以为医生的诊断提供早期的信息，做到"早发现、早诊断、早治疗"。在城市交通中通过利用物联网，可以很好地解决很多城市上下班拥挤与堵塞的现象，使交通事故的处理达到智能化。其他应用物联网来提高人民生活水平的领域不胜枚举。（3）加紧对物联网产业的发展和产业竞争力研究，可以加快发展物联网产业，有利于构建我国在国际竞争舞台上的新优势，是建设创新型国家的战略选择。物联网技术涵盖面广，关联度高，辐射力强，对带动技术创新具有重要的作用。物联网技术产生的时间还不长，只要加紧研究就可以走在世界的前列，从而可以在新一轮的产业布局中构建新的国际竞争新优势，特别是像我国这样的科技实力不是很强的国家，要迎头赶上先进国家，掌握了物联网技术就具备了较强的后发优势，凭借新技术使得国民经济得到又好又快的发展。尤其重要的是，物联网技术不是一项具体的技术，而是牵涉一连串的涉及计算机、通信、电子、软件、信息安全等技术的技术群，需要很多领域的技术创新，涵盖面广，关联度高，辐射力强，对带动技术创新具有重要引擎作用。因此，加强物联网产业的竞争力研究，可以大面积地提升国家的创新意识和创新思维，激活国民的创新动力。

综上所述，发展物联网产业及对物联网产业发展进行研究，不仅仅具有理论方面的学术意义，而且在经济方面具有重要的意义，还对整个国家的科技创新、管理创新以及制度创新都有重要的意义。加强物联网产业发展及竞争力研究，可以很好地指导我国物联网产业的发展，培育较强的物联网产业竞争力。

第三节　研究内容、全书框架及技术路线

一　研究内容

1. 查阅、对比大量的文献以及研究报告、专业网站，准确把握物联网产业在我国的发展阶段和发展特征，遵循物联网产业竞争力评价"经济属性""社会属性"和"生态属性"相结合的原则，构建物联网产业竞争力因素系统及形成期物联网产业竞争力理论模型。

2. 基于形成期的物联网产业竞争力的影响因素及关键影响因素分析。首先根据上述研究的成果，在明确了物联网产业的发展阶段后，找出影响形成期物联网产业竞争力的因素，用问卷调查的方法获取数据，利用结构方程模型定量分析基于形成期的物联网产业竞争力的关键影响因素，分别是：技术创新、产业集群和政府。

3. 对根据上述研究得出的影响物联网产业竞争力的三个关键因素中的两个因素——技术创新、产业集群以及目前学界认为比较重要的因素——市场接受与应用进行研究。首先对产业技术创新过程中的关键技术进行选择，掌握物联网的核心技术。基于"推拉模型"和"人类技术共生模型"设计评价指标，评价物联网企业的技术竞争力，找出提升技术竞争力的关键因素。其次在技术接受模型（TAM）的基础上，结合物联网技术的特点和发展阶段，构建物联网技术接受与应用模型（IoT-TAM），找出影响物联网技术接受和应用的关键因素，拓展物联网技术的应用范

围。最后根据物联网产业集群的特点，在 GEM 模型的基础上构建评价物联网产业集群竞争力的 G^2EM-CI 模型，评价东、中、西部物联网产业集群竞争力，找出关键影响因子，把握关键影响因素，以提升我国物联网产业集群的整体竞争力。

4. 就江西省的物联网产业发展基础的现状，着重分析上述各个影响要素中关键因素的发展现状，提出相应的物联网产业发展建议，以培育江西省的物联网产业的竞争力。

二　全书框架

本书共分为 8 章。

第一章，绪论。介绍物联网技术以及产业的发展背景，主要概念的界定，阐述本研究的意义，介绍研究内容、全书框架和研究的技术路线。

第二章，相关基础理论、文献综述与研究方法。

第三章，形成期物联网产业竞争力关键影响因素分析。在已有文献的基础上，利用问卷调查的方法获取有关物联网产业竞争力的数据，用结构方程模型方法分析出影响物联网产业的关键因素。

第四章，物联网产业技术创新与竞争力培育研究。在本章中，主要利用专利引文和词频分析法找出物联网的核心技术，利用基于"推拉模型"和"人类技术共生模型"构建的评价指标，基于 15 家物联网上市公司年报数据评价物联网企业的技术竞争力水平，找出灰色关联度大的关键因素。提出培育物联网技术竞争力的建议。

第五章，物联网产业集群与竞争力培育研究。在本章中，用 G^2EM-CI 模型准确评价典型区域的物联网产业集群竞争力，利用灰色关联法找出关联度大的因素。提出培育物联网产业集群竞争力的建议。

第六章，物联网技术接受与应用能力培育。在技术接受模型（TAM）的基础上，结合物联网技术的特点、应用现状及技术发展阶段，构建出物联网技术接受与应用模型（IoT-TAM），利用结构方程模型找出载荷系数高的关键因素。提出培育物联网应用能力的建议。

第七章，以江西为例的物联网产业发展对策研究。针对上述物联网产业竞争力的关键因素以及关键因素中的主要影响因素，结合江西的现状，提出培育和提升江西物联网产业竞争力建议。

第八章，结论与展望。

三　技术路线

本书沿着两条主线进行研究（见图1.2）。第一条主线：文献研究，主要是构建出形成期物联网产业竞争力的影响因素理论模型。

这部分主要研究物联网基础理论以及产业竞争力、产业发展的相关理论，以及产业竞争力影响因素理论。通过对经典产业竞争力理论的仔细研究，认真思考物联网产业发展的特殊时期和特点，同时多次对本领域的专家深度访谈，参加江西计算机用户协会的研讨，通过比较物联网产业与其他高新技术产业的共同点及差异点，构建出形成期物联网产业竞争力的影响因素理论模型。

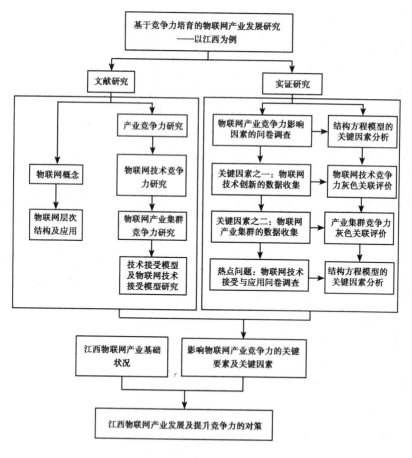

图1.2　本研究的技术线路

接下来转入第二条主线：实证研究，主要是对理论模型进行实证检验以把握关键要素及各关键要素的关键因素，把握物联网产业竞争力的主要矛盾。

通过文献研究构建的形成期物联网产业竞争力的影响因素理论模型需要接受实证的检验才具有科学性。本研究先进行物联网产业关键影响因素的问卷设计，通过几名博士生及博士生导师的检阅，提高了问卷的内容效度，通过分析问卷的信度与效度，删除信度不高的项目，保证问卷的科学性。通过结构方程模型软件 AMOS 4.0 对数据进行分析，依据相关的产业竞争力基础理论对模型进行反复修正，使模型的拟合度指标达到良好，同时模型中影响因素之间的关系与理论具有较好的吻合度，得到影响物联网产业竞争力的关键因素，保证结果的合理性。结果显示：技术自主创新、产业集群和政府是三大关键因素。接下来为了揭示技术竞争力和产业集群竞争力的关键因素，从物联网上市公司年报、相关公司网站和高新区网站等广泛获取数据资源，保证充足的数据对物联网技术竞争力和产业集群竞争力进行客观的评价，用灰色关联法计算出灰色关联度高的影响物联网技术竞争力和物联网产业集群竞争力的关键因素。政府作为外生变量，本书没有进行进一步的研究。而是转入体现形成期物联网的典型问题——市场接受与应用的研究，借鉴国内外成熟的量表，通过对问卷的信度和效度的检验，进一步改进测量量表，基于问卷数据，应用结构方程模型软件 A-MOS 4.0 对数据进行分析，反复进行修正，使模型拟合度达到良好同时又与理论相一致，得到影响物联网技术接受和应用的关键因素。

通过上述理论研究和定量分析，得到影响物联网产业竞争力的关键要素及各个关键要素的关键因素，结合江西省在各个关键要素和关键因素的实际状况，最后提出江西省发展物联网产业以及提升竞争力的对策。

第四节　相关概念界定

一　产业

对产业的定义，维基百科的定义是："产业（香港统计处或称为行业）指一个经济体中，有效运用资金与劳力从事生产经济物品（不论是物品还是服务）的各种行业。"从上述定义可以看出，产业是生产物品或者生产服务的各种行业。在本书中，定义产业为生产一切有形产品（商品）和提供一切非有形产品（服务）的活动。

二　物联网产业

根据目前学界对物联网的研究，物联网产品涉及感知层的感应器、传感器、GPS、二维码等信息传感设备，传输层的有线、无线等网络服务，以及应用层的应用平台、中间件等产品。与物联网有关联的产品在《国民经济行业分类（GB/T 4754—2011）》中的分类见表 1.1。从表 1.1 可以看出，没有专门的物联网产业分类。结合产业的定义以及物联网的涵盖范围，本书定义物联网产业为生产物联网产品或提供物联网服务的行业。具体指的是生产计算机、感应器、传感器、二维码、GPS、激光扫描器等制造业，以及提供物联网网络服务、物联网软件开发、提供物联网平台等服务的产业。

表 1.1　　　《国民经济行业分类（GB/T 4754—2011）》与物联网有关的产品分类

代码小类	类别名称	代码小类	类别名称
3561	电工机械专用设备制造	3562	电子工业专用设备制造
3581	医疗诊断、监护及治疗设备制造	3911	计算机整机制造
3912	计算机零部件制造	3913	计算机外围设备制造
3919	其他计算机制造	3921	通信系统设备制造
3922	通信终端设备制造	3931	广播电视节目制作及发射设备制造
3932	广播电视接收设备及器材制造	3939	应用电视设备及其他广播电视设备制造
3961	电子真空器件制造	3962	半导体分立器件制造
3963	集成电路制造	3969	光电子器件及其他电子器件制造
3971	电子元件及组件制造	3972	印制电路板制造
4021	环境监测专用仪器仪表制造	4022	运输设备及生产用计数仪表制造
4023	导航、气象及海洋专用仪器制造	4024	农林牧渔专用仪器仪表制造
4025	地质勘探和地震专用仪器制造	4028	电子测量仪器制造
4030	钟表与计时仪器制造	4041	光学仪器制造
5177	计算机、软件及辅助设备批发	5178	通信及广播电视设备批发
5179	其他机械设备及电子产品批发	6311	固定电信服务
6312	移动电信服务	6319	其他电信服务
6321	有线广播电视传输服务	6322	无线广播电视传输服务

续表

代码小类	类别名称	代码小类	类别名称
6330	卫星传输服务	6410	互联网接入及相关服务
6420	互联网信息服务	6490	其他互联网服务
6510	软件开发	6520	信息系统集成服务
6530	信息技术咨询服务	6540	数据处理和存储服务
6550	集成电路设计	6591	数字内容服务
6592	呼叫中心	6599	其他未列明信息技术服务业
7114	计算机及通信设备租赁	7310	自然科学研究和试验发展
7320	工程和技术研究和试验发展	7330	农业科学研究和试验发展
7491	专业化设计服务	8021	计算机和辅助设备修理
8022	通信设备修理		

三 产业竞争力

关于产业竞争力的定义，学界根据不同的研究时代背景和研究重点，给出不同的定义。但是多数定义把产业竞争力定义为产业的市场占有率、市场份额或者盈利能力。张超定义产业竞争力为同类产业创新能力、效率和生产能力以及最终的市场占有率的结合。这个定义已经把创新能力包含在产业竞争力之中，体现出当今创新能力的重要性。可见，产业竞争力的定义是随着不同时代背景的变化而不断变化的。当今，我国处于提升国家创新能力，以"中国智造"来驱动经济发展的特殊时期，同时面临着生态日益恶化、环境治理等艰巨的任务，产业发展应该协调经济发展创新、生态和环境的关系。因此，本书定义产业竞争力为产业整体体现出的市场能力、创新能力以及对经济社会和生态的提升能力所形成的综合能力。

四 物联网技术

学界目前比较认可的物联网的结构是三层：感知层、传输层和应用层。感知层主要包含感应器、传感器、二维码、GPS、激光扫描器、射频识别（RFID）等技术，传输层主要是指有线网络、无线网络、传感网络等网络技术，应用层主要包括云计算、综合服务平台等应用技术。因此，本文所指物联网技术是指感应器、传感器、二维码、GPS、激光扫描器、射频识别（RFID），有线网络、无线网络、传感网络，云计算、综合服务平台等技术。

第五节　本研究的创新点

一、本研究基于产业竞争力理论，遵循形成期物联网产业发展的"经济属性""社会属性"和"生态属性"相结合的原则，构建了形成期物联网产业竞争力影响因素的理论模型并用结构方程模型进行实证研究。

二、根据中部地区经济、社会和信息化发展的实际状况，构建了物联网技术接受与应用模型（IoT-TAM），并进行实证调查研究，用结构方程模型分析影响物联网技术接受和应用的关键因子。

三、基于技术创新的"推拉模型"和"人类技术共生模型"，构建物联网技术竞争力评价指标，用灰色关联法对关键影响因子进行灰色关联度评价。

四、在指出评价产业集群竞争力的 GEM 模型的缺陷的基础上，构建物联网产业集群竞争力评价的 G^2EM-CI 模型，用灰色关联法对关键影响因子进行灰色关联度评价，用灰色关联树形象地突出了各影响因子的关联度。

本 章 小 结

本章对全球和中国的物联网产业发展的状况做了简单的介绍，然后阐述了本研究的意义、研究内容、全书框架及技术路线，展现了全书的大致框架，最后介绍本书的主要创新点。

第二章 相关基础理论、文献综述与研究方法

第一节 相关研究基础理论

一 物联网相关基础理论

（一）物联网概念的提出

目前所谓信息产业的"第三次浪潮"指的就是物联网，它是继计算机、互联网后信息产业发展中的又一次影响深远的变革。在物联网产业形成的过程中，伴随的是人们对物联网这一新生事物的不断深化了解的过程。其中对物联网的概念、内涵以及外延的认识便是重点。

物联网概念最早出现在比尔·盖茨的1995年的《未来之路》，但是当时只是局限于无线网络、硬件和设备的发展，并没有引起学术界和产业界的重视。1999年，美国麻省理工学院（MIT）自动识别中心"Auto ID Labs"提出网络射频识别系统，这种系统实际上是一种网络，该网络把所有物品通过信息传感设备（如 RFID）与互联网相互连接，目的是对人、物等进行智能化识别和管理的实现，这是20世纪90年代末期的物联网雏形。此阶段的物联网概念是重点放在射频识别技术上，以物流系统为物联网的主要应用环境而提出来的，但是技术范围相对过小。2005年，国际电信联盟（ITU）在突尼斯举行的信息社会世界峰会（WSIS）上正式提出了物联网的概念，ITU 在 *ITU Internet Reports 2005—the Internet of Things* 中从沟通维度的视角提出物联网的概念。ITU 指出，我们正站在一个新的通信时代的边缘，信息与通信技术的目标已经从满足人和人之间的沟通发展到实现人和物、物与物之间的连接，无所不在的物联网通信时代已经来临，一个新的沟通维将由物联网在我们的通信世界开拓（见图2.1），将

任何地点、任何时间连接任何人扩展到连接任何物品，万物的连接就成了物联网。至此，各国的学术界以及技术、产业界都从各自国家的技术特长、研究侧重点、本国信息化所处的阶段等不同的角度对物联网的概念做了描述。

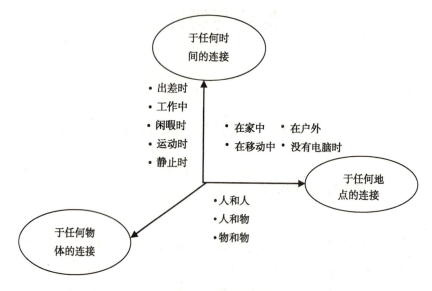

图 2.1　物联网的连接维度

资料来源：孙其博、刘杰、范春晓、孙娟娟：《物联网：概念、架构与关键技术研究综述》，《北京邮电大学学报》2010 年第 6 期。

（二）物联网的定义

目前各国对物联网的定义各不相同，但是都同时描述到物联网的基本特征是全面感知、可靠传输和智能处理，所能实现的功能为信息获取功能、信息传输功能、信息处理功能和信息施效功能等。下面是几种典型的物联网的定义。

国际电信联盟（ITU）：即将来临的是无处不在的"物联网"时代，世界上任何一个物体都可以以因特网为中介而主动交换信息。在物联网中，一些技术如射频识别技术（RFID）、传感器技术、纳米技术、智能嵌入技术等的应用范围将越来越广泛。根据国际电信联盟的描述，在物联网时代，人类将开拓一个到目前为止全新的"沟通维"，即从以前的"人与人之间"的沟通维到"人与物"和"物与物"之间的沟通维。

美国 IBM：物联网就是把感应器等信息感知设备嵌入或装备到如电网、铁路等各种不同行业、不同应用场景中的物体中，并与目前的互联网无缝连接，最终形成物物相联的网络——物联网。

EPC 基于"RFID"的物联网定义：物联网是利用无线数据通信、射频识别等技术，以互联网、计算机为基础，构造世界上所有人和物相互连接的"Internet of Things"。

我国中科院基于"传感网"的物联网定义：无处不在的集成由传感器、通信和数据处理单元的细微节点，以约定的通信和组织方式所构建的网络，是传感网，又叫物联网。

工业与信息化部电信研究院的物联网定义：物联网（Internet of Things）是互联网与通信网的应用的进一步拓展及伸延，它以感知等技术为基础，以智能化装置为载体，实行对物理世界的感知、识别、计算、处理和数据挖掘，最终实现对世界的实时化监控、精确化管理和科学化决策等目的。

2010 年温家宝总理所作的《政府工作报告》中的定义：物联网是以射频识别、GPS、激光扫描器、红外感应器等信息感知设备为基础，按已约定协议，把所有物品与因特网进行连接，进行实时的信息通信，实现智能化识别、定位、跟踪及管理的网络。

本书从信息化动态发展的角度定义物联网。物联网是人类信息化进程中的一个阶段。在该阶段人与物、物与物、人和人之间通过射频识别、传感器技术、全球定位、激光扫描等信息传感技术实现任何时间、任何地点和任何物体的连接，该阶段使人类与物体之间的沟通更加便利和有效。

（三）物联网的体系架构

物联网技术是由一大群涉及计算机、电子、通信、半导体、纳米等诸多领域技术的技术群体，涉及的研究对象多，加上各国对所持的物联网定义不同，因此物联网概念的内涵和外延目前还不够明确，导致物联网的关键技术的范围也不明确，进而造成物联网的体系架构也没有统一。孙其博[①]等认为，未来的物联网需要一个以开放的、分层的、可扩展的网络体系结构为框架。目前，学界讨论的物联网的体系结构有：

---

① 孙其博、刘杰、范春晓、孙娟娟：《物联网：概念、架构与关键技术研究综述》，《北京邮电大学学报》2010 年第 6 期。

1. 万维网的体系结构①（Web of things，WoT）。这是一种面向应用的物联网，在该体系结构中，把万维网的服务嵌入到系统中，以万维网的方式使用物联网。

2. 物联网的自主体系结构。为了适用于异构的物联网无线通信环境而设计的体系结构（见图2.2）。

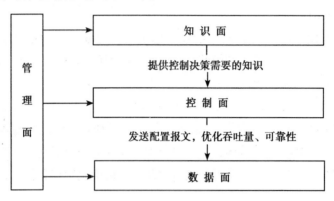

图2.2　物联网的自主体系结构

3. USN体系架构（见图2.3）。该架构自下而上分为传感器网络、泛在传感器网络接入网络、泛在传感器网络基础骨干网络、泛在传感器网络中间件以及泛在传感器网络应用平台。

4. 我国目前学界比较认可的三层架构：感知层、传输层和应用层。其中，编码层和信息采集层属于感知层（见图2.4）。

（四）物联网的应用

1. 智能电网

以往的电网在运行上存在的问题之一是电网利用率不高，电网因各种事件造成的损失较大。据统计，美国每年因电网扰动与断电而造成的损失高达790亿美元，而电网的利用率仅仅只有55%，而我国的损失则更高，一方面我国很多地区由于电力紧张而造成工厂停工，造成经济损失大，另一方面电力浪费现象又十分严重。为了解决这个矛盾，智能电网将物联网技术应用到发电、输电、变电、配电、用电等很多的环节，时刻侦查发电、输电、变电、配电、用电的过程以及用电供电的故障，还能通过其他

---

① DUQUENNOY S, GRIMAUD J J G, "Vandewalle. Smews: Smart and Mobile Embedded Web Server" International Conference on Complex, Intelligent and Software Intensive Systems, 2009.

图 2.3　USN 体系架构

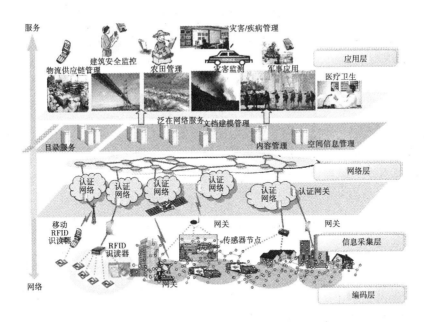

图 2.4　物联网三层体系结构

形式如风力、水力所发的电能够接入主网而补充电量，解决电量不足的问题。还有，远程抄表省去了许多原来抄表员的工作，在电表上安装一个物联网的芯片，用户的用电情况可随时传达给管理人员。

2. 智能交通

交通关系到每个老百姓的日常生活，交通状况不好容易造成交通事故，直接的后果是造成人员伤亡和财产损失。美国因交通堵塞造成的年度经济损失高达872亿美元，占美国 GDP 的 1.5%—4%，汽车产生的二氧化碳排放量占二氧化碳总量的 22%[①]。我国每年因交通事故而造成的人员伤亡及财产损失更是惊人。据统计，2008 年，全国共发生道路交通事故25 万多起，直接财产损失为 10 亿元人民币（1.46 亿美元）。通过在交通中应用物联网技术，可以减少交通事故，提高人们出行的效率，同时减少二氧化碳的排放量和人员伤亡及财产损失率。据统计，北京和上海通过在道路上埋设感应线圈和利用无线传感技术，道路效率和平均车速均提高15%，显示出物联网技术在提升交通效率方面的巨大潜能。

3. 智慧物流

在物流领域的物联网应用主要是基于 RFID 的食品溯源系统的运用，以及全球定位系统（GPS）的可视化管理和跟踪、全自动的物流配送中心以及智能配货网络平台等。据相关资料，2011 年我国社会物流总额达 158万亿元，物流总成本占 GDP 约 18.4%，与 1991 年的 24% 相比，社会物流总费下降明显，我国物流行业进步突出。但是与欧美发达国家 8.9% 的数据相比，社会物流总额高出一倍多，也意味着我国的整体物流成本仍处于高位。这主要是我国的物流目前大部分仍处于人工、半人工的状态，信息技术应用的缺乏严重地制约着物流业的发展，通过在物流中使用 RFID、GPS 等相关物联网技术，可以明显地提高物品流通率，降低物流成本，减少物价中包含的中间物流环节所占物价的比重，从而降低物价，为百姓造福。

4. 智慧医疗

是指通过打造健康档案区域医疗信息平台，利用最先进的物联网技术，实现患者与医务人员、医疗机构、医疗设备之间的互动，逐步达到信息化。具体表现为采用电子病历、医学图像存档和通信系统、计算机医嘱录入系统、计算机临床决策支持系统等相关的系统，可以减少医疗中的错误率达 15%—30%。同时，物联网技术还应用于病房管理、产房管理、

---

① 邬贺铨：《物联网的应用与挑战综述》，《重庆邮电大学学报》（自然科学版）2010 年第10 期。

药品跟踪等领域。

5. 智慧城市

智慧城市是基于物联网、云计算的城市形态。2013 年 1 月 29 日，由住房与建设部组织召开的国家智慧城市试点创建工作会议在北京召开，会议公布了首批国家智慧城市试点名单，首批国家智慧城市试点共 90 个，其中地级市 37 个，区（县）50 个，镇 3 个，试点城市将经过 3 — 5 年的创建期。

由于各区域技术基础和经济发展水平的不同，物联网的应用领域也有所不同。其他的应用包括智慧农业、智慧工业、智慧建筑、智慧矿山等，具体见表 2.1。

表 2.1　　　　　　　　　　　物联网应用领域汇总

应用领域	应用场景
供应链管理	1. 商品智能仓储管理，可视化虚拟仓库和实体仓库的科学管理 2. 商品物流过程追溯及防伪，唯一的 EPC 编码贯穿整个产品生命周期 3. 供应链链上企业资源的统一协调与资源配套管理
公共服务提供与社会安全	1. 危险物品与危险地区的监控，包括垃圾监测、药品管理、烟草管理等 2. 建筑工地、公路桥梁，水灾火警的现场采集、分析与处理 3. 城市智能交通信息和导航系统
环境监测与控制	1. 空气质量、城市噪音的监测 2. 矿山、森林等重要生产生活环境的检测 3. 污染排放源的监测、预警和控制
个人资讯服务	1. 个人健康监测和资讯服务系统 2. 个人银行、水、电、气，交通通信的一卡通与移动支付 3. 基于物联网的智能家庭和个人娱乐中心

资料来源：吴亮：《物联网技术服务采纳与个人隐私信息影响研究》，博士学位论文，电子科技大学，2011 年。

二　产业发展理论

产业发展理论主要有三大部分组成，分别为产业结构演变理论、产业发展阶段理论以及区域分工理论。

（一）产业结构演变理论

纵观世界各国的经济发展，可以看到经济的总体趋势是产业由低级向高级演进，而产业之间的联系则由简单联系向复杂化联系演进。而对第一、第二、第三产业的人均收入水平以及上述三类产业之间的劳动力流动趋势的研究，学界先后有配第一克拉克定律和库兹涅茨法则。

　　配第—克拉克定律：配第—克拉克定律是科林·克拉克于1940年在威廉·配第关于国民收入和劳动力流动之间关系学说的基础上提出的①。其具体内容为：随着国家经济的发展，国民收入水平的不断提高，三种产业内的劳动力也由第一产业转移到第二产业，而随着国民收入的进一步提升，第二产业的劳动力将向第三产业转移，从而在第二、第三产业的劳动力总量大大多于第一产业的劳动力。

　　库兹涅茨法则：库兹涅茨以配第—克拉克定律为研究的基础，通过对国民经济的统计分析后发现，随着经济的发展，农业无论是在国民经济还是劳动力占总的国民收入和总劳动力的比重都呈下降的趋势，而工业部门的国民收入呈现上升的趋势，工业部门的劳动力却有稍微的上升或者保持不变，服务部门的劳动力大体上呈现上升的趋势，而服务部门的国民收入比重大体不变或者有些微的上升。

　　（二）产业发展阶段理论

　　钱纳里的"标准结构"理论。经济学家 H. 钱纳里（Hollis Chenery）通过考察第二次世界大战后主要工业化国家的经济发展，后提出了经济发展阶段的"标准结构"，那就是将整个的工业经济发展阶段分为：三阶段六个时期。他根据每个时期的人均 GDP 的数值，分为初级产品生产阶段、工业化阶段和发达经济阶段。而工业化阶段根据人均 GDP 的不同又分为初级、中级和高级阶段，发达经济阶段分为初级和高级阶段。

　　霍夫曼定律。德国经济学家霍夫曼从消费资料工业净产值与资本资料工业净产值比值的维度考察产业的发展阶段。他的内容可以由表2.2表示。如表所示，在工业化的第一阶段，消费资料工业净产值与资本资料工业净产值比值（霍夫曼比例）为5±1，表明消费资料的生产是国民经济的支柱，资本资料的生产不发达，随着经济的发展，到了第三阶段，资本资料与消费资料的生产在经济总量中大体相当，随着经济的进一步发展，资本资料的生产占主导地位，消费资料的生产在国民经济中的比例很小。

表2.2　　　　　　　　　　霍夫曼比例及对应的阶段

阶段	霍夫曼比例
第一阶段	5±1

① 陈秀山、张可云：《区域经济理论》，商务印书馆2005年版。

续表

阶段	霍夫曼比例
第二阶段	2.5 ± 1
第三阶段	1 ± 1
第四阶段	< 1

（三）区域分工理论

区域分工理论的主要内容涉及绝对优势理论和相对优势理论、新贸易理论和产业集群等相关理论，因上述理论是产业竞争力理论的重点内容，在本研究中的"产业竞争力理论"部分中将有阐述。

三　产业竞争力理论

（一）绝对优势理论

1776 年，古典经济学家亚当·斯密（Adam Smith）提出了绝对优势论。亚当·斯密认为，每个国家或地区都有适宜生产某些产品的生产条件，不同国家或地区在有绝对优势的产品上进行贸易，交易双方都能获得益处。亚当·斯密将不同国家生产同种产品的成本进行比较，成本较低的国家将获得贸易的优势。因此该理论认为，成本上的优势是各个国家或地区竞争力的来源。较低的生产成本将是获得竞争优势的主要因素。

（二）比较优势理论

1871 年，大卫·李嘉图（David Richardo）在绝对优势理论的基础上提出了比较优势理论。大卫·李嘉图在《政治经济学及赋税原理》中阐述了比较优势理论的思想。大卫·李嘉图认为，任何国家可以通过出口在生产率方面具有比较优势的产品而进口比较劣势的产品来增加自身的福利。

（三）赫克歇尔—俄林理论

进入 20 世纪，比较优势理论有了新的进展，代表理论是赫克歇尔—俄林理论（H-O 理论）。该理论与绝对优势理论中认为在生产中只消耗劳动这一种生产要素不同，认为具体的产品是要消耗两种或以上的要素。该理论认为，比较优势产生于各区域资源禀赋和商品生产在资源利用形式的差异。实际上，世界各国家或地区之间的资本和劳动资源等资源禀赋是完全不同的，因此各个国家应该采取不同的生产、进口策略。资本充足的国家或地区在生产资本密集型的产品上具有优势，而劳动力丰富的国家或地区在生产劳动密集型产品上具有优势。

（四）产品生命周期理论

美国学者弗农（R. Vernon）在1966年提出了产品生命周期理论。弗农把产业生命周期划分为四个阶段：起步期、成长期、成熟期和衰退期。产业阶段的差异将导致影响产业竞争力的因素的差异。起步期，产品在技术、功能上的创新是取得竞争优势的关键。成长期，市场需求规模、投资和营销等相关能力是决定因素。而到了成熟期，低廉的劳动成本以及低廉、丰富的资源要素将逐渐成为较为重要的关键要素。衰退期，此时市场已经相当的饱和，市场需求已经变化，已有的产品未能满足消费者的需求，期待技术创新生产出新的产品。因此，该阶段的竞争力的决定因素是技术创新能力。该理论的贡献是在考察产业竞争力时，把基于时间序列的产业变化考虑其中，用发展的眼光观察产业竞争力的问题，为竞争力理论做出了贡献。

（五）国家竞争优势理论

"钻石模型"理论认为，国家的竞争优势来自生产要素、需求条件、企业的战略结构和竞争、相关及支持性产业等四个主要要素和政府、机遇等辅助要素的作用。上述四个主要要素和两个辅助要素相互作用、互相影响，最终形成了国家的竞争优势。"钻石模型"理论虽然最初是用来分析国家竞争优势的理论，但是后来演变成了分析国家或地区产业竞争力的一个模型而被广泛应用于各行各业。因此，国家竞争优势理论是经典的产业竞争力理论。

1. 生产要素

波特认为，生产要素分为初级生产要素和高级生产要素。初级生产要素是指那些天然就有的要素，例如自然条件、天然资源、地理位置等，而高级生产要素要比初级生产要素重要得多。现代产业更多的是依赖高级生产要素，例如专利技术、大学生、工程师、企业家精神、大学以及科研机构等。因此，要造就竞争力较强的产业就必须培养更多更优质的高级要素。不仅要在高级要素的数量上得到提升，同时更重要的是高级要素质量的提升，特别是创新要素的形成，创新体制的建立，企业家精神的培养，高效的科学研究机构，这些对于造就产业国际竞争力非常重要。特别是作为战略性新兴产业的物联网，其重要特点是创新驱动，技术创新比其任何要素都重要得多。

2. 需求条件

波特认为，国内市场的需求对造就产业竞争力具有重要的意义。首先，国内市场的层次会影响产业竞争力。低级国内市场需求对产业没有提出更多的创新要求，产业相应地缺少创新的动力，因而在国际市场上也就会被差异化程度高、质量更优、设计更具人性化的产品所替代。而挑剔的国内需求则时刻鞭策企业进行技术创新，不断满足消费者不断变化的需求，结果是在国际市场也占有较高的市场占有率。同时，国内需求的规模也会影响产业竞争力。规模大的国内厂商和国外的企业占有较多的先天优势，从而使竞争力得到提升。

3. 相关和支持性产业

波特指出，具有较强的相关和支持性产业会提升产业竞争力。支持性产业具有较强的竞争力，会为本产业提供较高质量的原材料，高素质的员工队伍，优质的管理团队，以及为本产业培养一批挑剔的消费者队伍，这些都将促进本产业竞争力的提升。

4. 企业战略、结构和竞争

波特认为，企业所倡导的竞争战略会影响企业的竞争力。是基于本土领先的战略还是全球领先的战略，会造就不同的竞争力。企业之间是单打独斗还是结成战略联盟，这种企业间结构的不同会产生不同的产业竞争力。同行企业之间的完全竞争，还是垄断竞争以及其他形式的竞争，竞争形式的不同会产出不同的产业整体"涌现性"，最终会造就不同的产业竞争力。

5. 机遇和政府作用

波特认为，在产业竞争力的培育过程中，一些突发事件如战争、汇率变动、重大科学技术创新、外交关系改善或紧张等，对产业竞争力的生产要素、需求条件、企业战略结构和竞争以及相关及支持性产业都有影响，进而对产业竞争力产生影响。政府要素也会对主要要素产生影响。

（六）产业集聚理论

（1）马歇尔的外部经济理论。马歇尔认为，规模经济有两种形式，一种是产业发展的外部规模经济，与专业生产某种产品和某一类产品的产业集中在某个区域有关。另外一种是企业内部的规模经济，这与各企业的组织和管理绩效相互联系。马歇尔认为，产业集群是外部规模经济所致。生产同一种产品的厂商聚集于同一区域，共享交通、水电、信息等基础设施，比单个企业自己提供上述设施更经济。同时企业聚集在同一地理区域，便于企业的技术人员交流信息、形成合作的创新网络，有利于企业的技术扩散，从而进一步促进技术创新。

（2）韦伯的工业区位理论。韦伯认为，产业集聚的形成主要是取决于四个方面的因素：技术设备的发展、劳动力组织的发展、市场化因素以及经常性开支成本。上述四个因素的相互作用从而形成规模经济，使得产业集群内的企业的竞争力提升。

（七）IMD 和 WEF 的国际竞争力理论

洛桑国际管理开发学院（IMD）和世界经济论坛（WEF）经过研究，得到产生国际竞争力的范式，即：竞争力资产×竞争力过程＝国际竞争力。所谓竞争力资产，是指自然资源或者后天的基础设施、专利等；所谓竞争力过程是将竞争力资产转化成国际竞争优势的进程，是一个动态的概念。

（八）金碚的中国工业品国际竞争力理论

中国社会科学院的金碚通过对我国工业品的研究，获得最终成果《中国工业国际竞争力——理论、方法与实证研究》。该理论成果显示，经济活动的两个关键因素是市场营销和生产效率，国际竞争力以该产业的产品所占有的市场份额为主要标志。该理论认为，比较生产力是产业国际竞争的核心及实质。

（九）比较优势与市场绝对优势统一理论

对产业竞争力进行了研究的重要学者还有裴长洪。他认为，产业竞争力是产业的比较优势与市场绝对优势的统一。他的解释是：产业是个集合性概念，其竞争力的比较是在不同地域之间的较量，所以产业竞争力先表现在不同国家或地区相对竞争中产业各自的优势，即比较优势。但是市场中难免会有比较优势相近的同一产业或同一产品，这种情况下，竞争力的决定因素是不同产品或不同产业的绝对优势，也就是诸如价格、成本等一般性市场因素。

第二节　文献综述

一　产业竞争力的决定因素综述

迈克尔·波特[①]的"钻石模型"认为，产业竞争力是由生产要素、需

---

① Micheal E Poter, The Competitive Advantage of Nations, The Macmillan Press Ltd. 1990.

求条件、相关和支持产业、企业战略和同业竞争、机遇和政府六个要素共同决定的。英国学者邓宁[①]（J. Dunning）对波特的模型进行了补充，他考虑到跨国经营的重要性，认为产业竞争力的决定因素包括：生产要素、需求条件、相关和支持产业、企业战略和同业竞争、机遇和政府以及跨国公司。鲁格曼和克鲁兹考虑到加拿大的产业与美国之间的联系，在产业竞争力决定因素上应该考虑美国的状况。Dong-Sung Cho 从韩国的实际出发，认为发展中国家的产业竞争力的决定因素应该包括资源禀赋、商业环境、相关和支持性产业和国内需求、工人、政治家和官僚、企业家和职业经理及工程师、外部机遇等九个影响因素。金碚认为适于我国的工业品国际竞争力分析框架是把影响产业竞争力的因素分为间接因素、直接因素和竞争的结果（市场占有率），分别从竞争潜力、竞争实力和竞争力表现入手进行分析，而具体的统计指标则采用间接因素指标、直接因素指标和显示性指标等指标。芮明杰等[②]认为，钻石模型应该有个核心，即知识吸收与创新能力。知识吸收与创新能力是产业竞争力不断提升的源泉。刘小铁[③]认为，产业竞争力的决定因素应该从产业内部找原因，波特过于强调产业外在环境是不可取的。他聚焦于产业内部因素，构建了资源条件、技术创新、企业素质、产业集群度、产业组织结构等。吴灼亮[④]针对高技术产业，认为高技术产业竞争力的影响因素为直接来源因素和动力因素。直接来源主要包括价格、质量、性能、结构、服务、产品差异化、响应性/交货期、标准化等方面，而动力因素为产业要素、市场需求、产业竞争结构和企业战略、产业网络体系、国家基础设施和政府政策等。

上述产业竞争力影响因素文献与当时、本地的产业发展状况具有紧密结合性，但是应用上述影响因素来评价作为战略性新兴产业的物联网产业竞争力，显然有不适合之处。评价物联网产业的竞争力的指标不仅要体现产业"经济性"，还要体现物联网产业的"战略性"。而且更多的应该体

---

①　John H Dunning："Internationalizing Poter's Diamond"，Management International Review，Second Quarter，Vol 33，1993.

②　芮明杰、富立友、陈晓静：《产业国际竞争力评价理论与方法》，复旦大学出版社 2010年版。

③　刘小铁：《产业竞争力因素分析》，江西人民出版社 2009 年版。

④　吴灼亮：《中国高技术产业国际竞争力评价——理论、方法与实证研究》，经济科学出版社 2009 年版。

现产业"战略性"，即它对国民经济转型升级的全面提升以及对环境保护、生态文明的贡献。许多国家把战略性新兴产业的培育上升为国家战略，就是由于产业的"战略性"——该产业对传统产业的渗透与提升，产业所开发出的传统产业不具有的新市场需求，对整个国民经济创造出新的经济增长点、对整体经济的转型升级等。

二　区域产业竞争力文献综述

魏后凯、吴利学[①]对中国地区工业竞争力进行了评价，对地区工业竞争力构建了下列的评价模型：地区工业竞争力 = F（M，G，D，T，I），公式中的 M，G，D，T，I 分别指市场影响力、工业增长力、资源配置力、结构转换力和工业创新力。他们认为中国地区工业竞争力是由市场影响力、工业增长力、资源配置力、结构转换力和工业创新力五个方面决定的。它们之间互相联系、相互影响、互为因果。同时这五个方面的竞争能力又受国际环境、国内环境、区域环境、企业战略以及竞争对手策略等因素的综合影响。

朱传耿、赵振斌[②]对区域产业竞争力的影响因素、基本特征、研究途径等相关问题进行了研究。他们把影响因素分为区位因素、人口因素、经济因素、技术因素、自然因素、政策因素和创新因素。区域产业竞争力具有因素制约性、部门结构和空间结构的区域统一性、多样性、开放性、综合性等特征，从而得出区域产业竞争力的研究途径为要综合分析区域产业竞争力的影响因素，深入探讨区域产业竞争力的现状和问题，科学制定区域产业竞争力战略和规划，准确寻求区域产业竞争力提高的关键措施等。上述成果为研究区域产业的竞争力提供了很好的框架。

陈红儿、陈刚[③]对区域产业竞争力构建了比较贴近区域实际的评价指标体系，进而构建了评价模型并进行了实证研究。他们从产业投入、产出、技术水平及进展、市场绩效以及可持续发展等方面构建评价体系，并用主成分分析法进行定量分析，最后对浙江省的产业进行了评价。上述评价指标贴近区域的实际，指标的设计较好地满足了区域性的特征，是构建

① 魏后凯、吴利学：《中国地区工业竞争力评价》，《中国工业经济》2002 年第 11 期。

② 朱传耿、赵振斌：《论区域产业竞争力》，《经济地理》2002 年第 1 期。

③ 陈红儿、陈刚：《区域产业竞争力评价模型与案例分析》，《中国软科学》2002 年第 1 期。

区域产业竞争力的典范。

贾若祥、刘毅[①]对产业竞争力的内涵、产业竞争力研究的基础、影响产业竞争力的因素、评价产业竞争力的方法等方面进行了综合研究，结合东南沿海地区的产业进行了比较。仇方道、朱传耿[②]结合江苏省徐州市的具体情况，在评价区域产业竞争力时设计了产业发展水平、产业增长能力、管理创新能力、技术竞争能力、市场竞争能力、可持续性指数等几方面的指标，最后对徐州市的产业进行评价。

刘国亮、薛欣欣[③]基于比较优势与竞争优势本质上都是生产力水平的相互比较的角度，认为比较优势与竞争优势往往相互转化，产业的比较优势容易促成强劲的产业竞争优势，而强劲的产业竞争优势进一步吸引外部的生产要素，从而比较优势得到增强和提升。并从产业实力、产业效益、技术水平和市场绩效方面进行实证研究各个产业的比较优势和竞争优势，利用区域产业竞争力的评价矩阵，选择出既具有比较优势又有竞争优势的产业予以重点发展，鼓励不具有比较优势但有竞争优势的产业，对不具有竞争优势但有比较优势的产业予以政策倾斜，而对既不具有比较优势又不具有竞争优势的产业予以淘汰的综合评价。

王志文、王大超[④]在分析环渤海经济圈产业竞争力时，把影响区域产业竞争力的决定因素分为基础条件因素、竞争实力、竞争潜力和环境竞争力，对环渤海经济圈产业竞争力进行了评价并提出了政策建议。赵树宽、石涛、鞠晓伟[⑤]从区际市场分割的视角，对区际市场分割影响区域产业竞争力的机理进行了研究。他们以波特的钻石模型的几大要素为分析据点，从生产要素、市场需求、相关及支持产业、市场竞争与生产秩序、机会和政府及产业国际贸易等方面来分析由于市场分割对区域产业竞争力产生的

① 贾若祥、刘毅：《产业竞争力比较研究——以我国东南沿海省市制造业为例》，《地理科学进展》2003 年第 3 期。

② 仇方道、朱传耿：《区域产业竞争力综合评价研究》，《国土与自然资源研究》2003 年第 3 期。

③ 刘国亮、薛欣欣：《比较优势、竞争优势与区域产业竞争力评价》，《产业经济研究》2004 年第 3 期。

④ 王志文、王大超：《中国环渤海经济圈产业竞争力要素分析》，《东北亚论坛》2007 年第 5 期。

⑤ 赵树宽、石涛、鞠晓伟：《国际市场分割对区域产业竞争力的作用机理分析》，《管理世界》2008 年第 6 期。

影响，然后提出改进的建议。该文的分析比较符合中国经济的现状，具有较强的参考价值。

　　李钢、董敏杰、金碚①从比较优势与竞争优势的变化趋势与相互关系出发，对上述二者的关系进行了基于中国制造业的实证研究。其首先计算了中国制造业的比较优势指标，接下来又计算了竞争优势的相关指标，从而得出产业的比较优势与竞争优势并不是一对矛盾的概念，实际数据显示，虽然目前中国劳动密集型产业的比较优势在下降，但仍是目前最具有竞争优势的也是具有比较优势的产业，中国产业竞争优势与比较优势是高度相关的。

　　张继良、胡荣华②比较系统地对区域产业竞争力的评价指标体系进行了研究。张继良、胡荣华首先从区域产业竞争力的评价指标的三大理论基础——波特钻石模型、WEF 和 IMD 竞争力评价体系和新经济地理学入手，提出构建评价体系的全面性、合理性、可行性、对策性和地域性等原则，最终构建了产业发展环境、产业发展成本、产业发展能力三大一级指标，以及政府服务能力与水平、市场发育程度、基础设施、资源利用程度、规模、结构、效益、人力资本、技术进步、经济集约化程度等 10 个方面的指数，而三级指标则由 54 个指标组成。

　　魏大鹏、张慧毅③从产业竞争力生成能力的视角探讨产业竞争力提高的途径。他们认为，在进行产业竞争力分析时，不能仅仅盯住产品的市场占有率和市场利润率，而应该分析竞争力形成的源头——竞争力生成能力。竞争力生成能力是竞争力产生的基础。产业竞争力的形成过程为：投资于竞争力的基础（竞争力生成能力）→生产率提高→国际市场占有率提高→产品利润率的提高。为了提高产业竞争力的生成能力，应该进行技术创新、经营模式创新，逐步实现产业发展所需重大技术装备的自主研发、自主设计、自主制造，最终形成不依赖外方资源前提下具备独立生产产品的能力。

---

　　① 李钢、董敏杰、金碚：《比较优势与竞争优势是对立的码?》，《财贸经济》2009 年第 9 期。

　　② 张继良、胡荣华：《区域产业竞争力评价体系研究》，《产业经济研究》2010 年第 6 期。

　　③ 魏大鹏、张慧毅：《技术进步、制度安排与产业竞争力生成能力》，《科学学与科学技术管理》2011 年第 1 期。

谢蕊蕊、王燕[1]基于仿生学的原理，对区域产业竞争力的机理进行分析。他们把区域产业竞争力比作一棵树，土壤和周围环境比作区域产业的投入要素，树根比作区域产业内部经济主体对生产要素的吸引、占有和配置能力，树干描述为区域产业潜在的竞争力，树冠描述为区域产业的现实竞争力，而果实为区域产业的市场竞争力。上述文章开辟了区域产业竞争力的新视角。

李卫强[2]对北京市的文化产业竞争力进行了研究。他把评价文化产业竞争力的评价指标体系设计成文化实力、公共文化消费、市场收益、文化产出、文化设施与资源以及人文与文化创新等几方面，利用因子分析法对全国各省市及各因子进行了分析，提出针对各个因子提升表现的建议与对策。

上述研究丰富了区域产业竞争力的理论，取得了较为丰硕的成果，对区域产业竞争力的评价具有可操作性。但是，研究缺陷也是非常明显：就竞争力论竞争力。作为受多种因素影响的区域产业竞争力系统，大多数学者忽略它的另外一面，即它也具有对其他因素的"多面影响性"。产业的形成不仅受多方面因素的影响，而且它也影响经济、社会和环境的方方面面，产业对经济、社会和环境造成的影响（无论是好的还是坏的）也应该是区域产业竞争力的评价因素。例如利用转基因技术的转基因食品产业，在人们对转基因食品的担忧比较普遍的情况下，人们接受转基因食品是比较困难的，因此衡量它的竞争力也应该把转基因食品产业对社会或人类健康的影响加以考虑，尽管它对人体的影响是好是坏目前还不是那样的肯定。

三 高技术产业竞争力文献综述

谢章澍、朱斌[3]以协同理论为基础，将影响高技术产业的因素分为内生变量和外生变量，并进一步把内生变量分为产业投入、产业产出、产业技术创新能力，外生变量分为产业政策环境、产业技术支持环境以及产业

---

① 谢蕊蕊、王燕：《基于仿生学的区域产业竞争力形成机理》，《现代管理科学》2012 年第 3 期。

② 李卫强：《北京市文化产业竞争力的实证研究》，《国际贸易问题》2012 年第 3 期。

③ 谢章澍、朱斌：《高技术产业竞争力评价指标体系的构建》，《科研管理》2001 年第 5 期。

孵化环境。上述研究为评价该技术产业的竞争力的指标体系建设提供了一个基本的框架。

穆荣平[①]以中国航空器制造业为出发点，对该产业的国际竞争力进行了研究。他提出了针对航空器制造业的评价指标体系，从竞争实力、竞争潜力以及竞争环境等方面分析了中国航空器制造业的国际竞争力，并提出相应的对策。但是该研究的评价指标设计得有些过于简单，未能全面地评价中国航空器制造业的国际竞争力。

张义梁、白亮[②]以日本提升高技术产业竞争力的经验为研究出发点，对我国提高高技术产业竞争力做了定性方面的分析。研究把日本提升高技术产业竞争力的措施归结为突出重点，重点培育核心企业，强化技术引进、消化和吸收并逐渐转向自主创新，加强官、产、学、研互相合作以及重视人力资源的开发等战略，最后提出我国发展高技术的相应对策。

冯英娟、滕福星[③]对吉林省高技术产业竞争力提升对策进行了研究。首先从影响高技术产业竞争力的因素分为内因、外因和对社会经济发展的影响三个维度进行了分析，接着对科技因素、比较生产力、出口竞争优势、市场占有状况、政策因素、技术支持、基础设施、产业关联度、利税水平、就业水平等方面进行了评价，提出提升吉林省高技术产业竞争力的对策。

管煜武、单晓光[④]以知识产权保护为切入点，分析并借鉴美国的专利政策，对我国的高技术产业竞争力在专利保护方面提出了相应的定性分析。

较多的关于高技术产业竞争力的研究出现在 2009 年以后。方毅、徐光瑞[⑤]对我国各省市高技术产业竞争力进行了研究。研究从高技术产业投入水平、产业产出水平、产业技术创新能力、产业政策环境四方面进行评

---

①　穆荣平：《中国航空航天器制造业国际竞争力评价》，《科研管理》2003 年第 11 期。

②　张义梁、白亮：《日本提升高技术产业竞争力的经验值得借鉴》，《经济纵横》2007 年第 11 期。

③　冯英娟、滕福星：《吉林省高技术产业竞争力提升对策研究》，《城市发展研究》2007 年第 3 期。

④　管煜武、单晓光：《美国亲专利政策与高科技产业竞争力》，《科学学研究》2007 年第 8 期。

⑤　方毅、徐光瑞：《我国地区高技术产业竞争力评价》，《中国科技论坛》2009 年第 5 期。

价，基本沿用穆荣平首创的评价指标。张小薇、李岱松①基于京津冀高技术产业的具体情况，对京津冀高技术产业的竞争力进行了评价并提出了相应对策。首先构建六个一级评价指标即产业规模、产业效益、产业结构优化度、产业创新能力、产业成长能力及外部环境，然后运用模糊综合评价法对京津冀高技术产业进行评价并提出改进措施。

邹鲜红、杨涛②从产业集群的视角，构建了高技术产业竞争力的"双层环式模型"，该模型在波特的"钻石模型"的基础上加上一个"知识溢出"的核心，以体现产业集群对高技术产业竞争力提升的作用，并有针对性地提出了相关的建议对策。陈红川③在对高技术产业竞争力进行评价时，采用常规的产业投入、产业产出、产业技术创新能力及产业支持环境指标对全国各省、市的竞争力进行评价，不但从总体上给出各省市的排名和聚类分析，而且就各个具体指标给出相应的排名分析，可以很清晰地了解全国各省、市、自治区高技术竞争力的具体状况。

郑珍远、施生旭、贺书伟④在分析高技术产业竞争力特征的基础上，提出基于上述特征的高技术产业竞争力评价指标体系，即技术创新竞争力、经济发展竞争力、财务效益竞争力、产业集群竞争力以及节能环保竞争力，并用 AHP 的方法确定各指标权重，对华东六省一市的高技术产业竞争力进行研究，不仅展现了六省一市的横向比较，而且还对福建省的各指标的具体情况进行纵向分析，较全面地分析了上述地区的情况。

方毅、林秀梅、徐光瑞⑤先从相对出口优势指数、贸易竞争指数、国内市场占有率、劳动生产率等方面评出全国前七名较具竞争力的省市，然后从产业投入、产业产出、产业技术创新能力及产业支持环境几方面分别对上述七省市进行评价，最终得出东三省高技术产业具有的比较优势以及需要改进的建议。

---

①　张小薇、李岱松：《京津冀高新技术产业竞争力评价研究》，《工业技术经济》2009 年第 12 期。

②　邹鲜红、杨涛：《基于产业集群效应的高新技术产业竞争力研究》，《科技进步与对策》2009 年第 4 期。

③　陈红川：《高技术产业竞争力评价实证研究》，《软科学》2010 年第 8 期。

④　郑珍远、施生旭、贺书伟：《福建省高新技术产业竞争力研究》，《东南学术》2010 年第 5 期。

⑤　方毅、林秀梅、徐光瑞：《东北三省高技术产业竞争力提升策略研究》，《软科学》2010 年第 3 期。

  徐光瑞①从产业集群的视角进行高技术产业竞争力的研究。作者首先测量出我国5大高技术产业的产业集群度，然后测算出高技术产业的竞争力指数，用灰色关联法分析产业集群与高技术产业的竞争力的联系，分析结果显示产业集群是影响高技术产业竞争力的重要因素。

  从某单一影响因素方面对高技术产业竞争力进行研究的还有孙冰、林婷婷②。他们从技术创新能力的视角出发，以2003—2008年省际面板数据为材料，运用灰色关联法对全国各省市的高技术竞争力对技术创新进行关联分析，最终得出新产品的研发与市场运作状况是影响我国高技术产业竞争力的重要因素，专利申请、专利拥有是次要因素，而政府、金融机构等环境的扶持作用还未发挥的结论。

  此外，最近的研究还有郑亚莉、宋慧③，他们研究知识产权的保护与高技术产业竞争力的关系。首先对知识产权保护强度进行了衡量，然后对高技术产业的RCA指数进行了测量，进而构建包括其他四个影响因素对RCA的评价模型，通过结果分析显示知识产权保护对我国高技术产业的竞争力具有正相关的影响作用，最后提出了基于知识产权保护的提升措施。

  马向阳、阴新月、陈卫东④基于五元协同理论，构造了基于五元协同机理的高技术产业竞争力"圆轮模型"。以"圆轮模型"为基础，构建影响高技术产业的竞争力的指标体系，结合天津的实际情况，进而提出相应对策。

  高秀艳、高亢⑤对区域高技术产业的竞争力进行了评价，其不同于其他文章的是针对竞争实力、竞争潜力、竞争环境三方面进行单独的评价，然后综合上述三方面的评价结果进行综合评价。

———————————

  ① 徐光瑞：《中国高技术产业集聚与产业竞争力——基于5大行业的灰色关联分析》，《中国科技论坛》2010年第8期。

  ② 孙冰、林婷婷：《我国高技术产业竞争力与技术创新的关系研究》，《中国科技论坛》2012年第1期。

  ③ 郑亚莉、宋慧：《中国知识产权保护对高技术产业竞争力影响的实证研究》，《中国软科学》2012年第2期。

  ④ 马向阳、阴新月、陈卫东：《基于无源协同机理的高技术产业竞争力评价研究——以天津市为例》，《科技与经济》2011年第10期。

  ⑤ 高秀艳、高亢：《区域高技术产业竞争力评价与对策分析——以辽宁省为例》，《企业经济》2012年第1期。

高技术产业也包括海洋产业，对海洋产业的竞争力评价相对较少。李晓光、崔占峰、王少瑾[①]首先对海洋产业竞争力的评价区别于其他相关研究的特点进行了研究，建立了蓝色海洋产业竞争力的评价指标体系，对海洋产业的竞争力进行了开拓性的研究。

上述的高技术产业竞争力的研究，基本是从产业投入、产业产出、产业技术创新能力及产业支持环境等各方面评价高技术产业的竞争力。大多数强调技术创新在高技术产业竞争力中的突出作用。不过，学者们普遍忽略的一个方面是评价指标缺乏对高技术产业促进环境的改善、对传统产业的提升作用的评价。事实上，高技术产业除了其本身的产出外，对传统产业信息化所带来的效率提升是一个不可忽视的方面。例如银行业，由于使用了较多的 IT（信息技术），资本的流转速度更快，结算更加的方便和快捷。在评价高技术产业竞争力时，显然这是不可忽略的一个大部分。

四　产业竞争力的研究方法综述

纵观学界的相关研究，对产业竞争力进行实证研究的方法有 K-均值聚类法、因子分析法（主成分分析法）、灰色关联分析法、多元线性回归法、模糊综合评价法等方法，其中以因子分析法的研究最多。

（一）K-均值聚类法

陈红川[②]利用 K-均值聚类法对 2008 年的全国各省市高新技术产业的产业投入能力、产业产出能力、产业技术创新能力、产业支持环境以及产业竞争力进行了聚类评价，从而得出了五簇的全国高新技术产业竞争力的结论。

（二）模糊综合评价法

张小薇，李岱松[③]利用模糊综合评价法对京津冀三个地区的高技术产业竞争力进行了评价，评价显示北京和天津的高新技术产业的总体竞争力较强。

①　李晓光、崔占峰、王少瑾：《蓝色经济区域城市海洋产业竞争力评价研究》，《山东社会科学》2012 年第 2 期。

②　陈红川：《高新技术产业竞争力评价实证研究》，《软科学》2010 年第 8 期。

③　张小薇、李岱松：《京津冀高新技术产业竞争力评价研究》，《工业技术经济》2009 年第 12 期。

（三）因子分析法（主成分分析法）

张贤付、刘登宇、周秉根[①]对 2009 年中部六省的统计数据运用因子分析法进行分析，得出三个主因子，依据每个省份在各个因子上的排名判断各省的产业竞争力的大小。方毅、徐光瑞[②]用同样的方法，对我国 30个省、市和自治区进行了评价，结果显示影响我国地区高技术产业竞争力的因素主要为产业水平、政策支持力度和技术创新力。冯英娟、滕福星[③]对全国 24 个省、市、自治区的 2005 年高技术产业的竞争力进行了评价，结果显示吉林省的竞争力处于全国的中下游并提出了相应的对策。高秀艳、高亢[④]分别从竞争实力、竞争潜力、竞争环境三方面用因子分析法进行评价，从三个因子的得分找出辽宁省与其他省份的差距。马向阳、阴新月、陈卫东[⑤]利用因子分析法，对 2010 年的高技术产业的数据进行分析，显示技术投入和规模因子的因子载荷最大，其余的分别为市场营销效率因子、技术扩散与政策因子，最后是区域孵化环境因子，并对天津市的情况做了分析并提出建议。方毅、林秀梅、徐光瑞[⑥]同样使用因子分析，对东北三省的高技术产业竞争力进行评价，得到竞争力水平受产出水平的影响最大的结论。

（四）灰色关联分析法

孙冰、林婷婷[⑦]基于 2003—2008 年的省域面板数据，利用灰色关联法计算技术创新与产业竞争力的关联度，从而得出我国的高技术产业竞争与新产品研发与销售情况关联度最高的结论。徐光瑞[⑧]利用灰色关联法分

① 张贤付、刘登宇、周秉根：《基于耗散理论的高新技术产业竞争力研究——以中部地区安徽省为例》，《资源开发与市场》2010 年第 6 期。

② 方毅、徐光瑞：《我国地区高技术产业竞争力评价》，《中国科技论坛》2009 年第 5 期。

③ 冯英娟、滕福星：《吉林省高技术产业竞争力提升对策研究》，《城市发展研究》2007 年第 3 期。

④ 高秀艳、高亢：《区域高技术产业竞争力评价与对策分析——以辽宁省为例》，《企业经济》2012 年第 1 期。

⑤ 马向阳、阴新月、陈卫东：《基于无源协同机理的高技术产业竞争力评价研究——以天津市为例》，《科技与经济》2011 年第 10 期。

⑥ 方毅、林秀梅、徐光瑞：《东北三省高技术产业竞争力提升策略研究》，《软科学》2010 年第 3 期。

⑦ 孙冰、林婷婷：《我国高技术产业竞争力与技术创新的关系研究》，《中国科技论坛》2012 年第 1 期。

⑧ 徐光瑞：《中国高技术产业集聚与产业竞争力》，《中国科技论坛》2010 年第 8 期。

别计算了产业集聚指数、R&D 人员、行业资本存量、科技经费中政府资金与产业竞争力水平的灰色关联度，显示产业集聚的关联度最高，显示出产业集聚是影响产业竞争力的重要因素。

（五）多元线性回归法

郑亚莉、宋慧从知识产权保护的视角研究高技术产业的竞争力[①]。他们以高技术产业的 RCA（Revealed Comparative Advantage）指数作为因变量衡量产业国际竞争力的指数，以知识产权保护强度、投入研发经费强度、投入研发人力强度、专利密度和政府经济支持力度等作为自变量建立回归方程，显示知识产权的保护力度与产业竞争力的大小呈正相关。

上述方法利用统计数据揭示产业竞争力的主要因素或对不同地区的竞争力排名，从客观的角度揭示产业竞争力发展状况。但是，产业竞争力是一个由主、客观因素相互作用的结果，只利用统计数据进行评价未必能够得到产业竞争力的全貌。产业竞争力的评价还需要有主观与客观相互结合的科学方法，即定量与定性相互结合的方法。例如，利用结构方程模型法，先从根据基础理论拟定产业竞争力的因素，然后用问卷调查的数据进行定量的客观验证，这样得到的结果比单一地应用客观评价方法得到的结果更具有科学性。

五　对产业竞争力研究的综合述评

从上述的研究可以看出，国内外对产业竞争力的理论与实证研究都已经比较丰富和深入。从基本理论、基本分析框架到具体的实证研究中的评价指标的设计、评价方法的运用、政策建议等方面都已经取得了丰硕的成果。这些研究成果很好地为各国制定政策提供了有力的参考和借鉴。

目前的文献，首先，从研究内容上看，其研究的热点依然在国家整体产业竞争力或区域产业整体竞争力上，而针对某一具体产业的竞争力的研究较少。已有的一些研究，多针对地方的制造业和高新技术产业进行研究。而战略性新兴产业作为"金融危机"后各国寄予厚望的引导各国经济走出经济下滑的阴霾的引擎，在研究中却少有看到。特别是作为战略性新兴产业中"引擎"的物联网产业，它的研究几乎是一片空白，这种状

---

① 郑亚莉、宋慧：《中国知识产权保护对高技术产业竞争力影响的实证研究》，《中国软科学》2012 年第 2 期。

况与物联网产业的"战略性"是极不相称的。虽然学界对高技术产业的竞争力研究较多，但是物联网产业不是一般意义上的高技术产业，比如物联网产业既包括物联网制造业又包括物联网服务业，物联网的应用涉及社会的方方面面，物联网产业链的链条比一般产业的链条都长，几乎涉及经济、社会、环境与生态等全方位的内容，这就决定了物联网产业与一般的高技术产业竞争力的研究不同，需要结合物联网产业的具体特点的产业竞争力研究。比如，物联网产业是依靠新技术驱动的产业，技术创新在作为要素之一比其他任何要素如交通、水电等设施重要得多。需要体现技术创新作为产业竞争力的核心的变量。

其次，上述无论是对产业竞争力影响因素的研究还是对产业竞争力的实证分析，都是把产业的市场占有率或利润等作为体现竞争力的最终绩效指标，强调的是产业竞争力的"经济属性"。但是，一个具有竞争力的产业不仅仅是能够在市场上占有较多的市场份额、赚取较多的利润；产业作为企业的整体，还应该负担起对社会的责任。具体来说，在评级产业竞争力的因素中，不应该仅仅注重其"经济属性"，还应该注重产业发展的"社会属性"和"生态属性"。产业对解决当地贫困问题贡献的大小，对促进当地社会进步的贡献应该在竞争力评价时加以考虑。同时，我国面临的更加棘手的问题是生态恶化、环境污染严重、资源消耗过多，在产业竞争力评价中应该体现产业促进生态恢复平衡、加强环境保护等方面的"生态性"。而已有的文献却没有在竞争力评价中体现"社会属性"和"生态属性"。

再次，已有文献缺乏从"发展"的视角评价产业竞争力。马克思主义认为，任何事物都是具体的、历史的和发展的。产业的发展也是一样，因此应该从动态的角度观察和评价产业竞争力。产业生命周期理论表明，任何产业都要经历起步期、成长期、成熟期和衰败期。各个不同时期产业的特性不一样，影响其竞争力的因素也不一样。例如，物联网产业正处于形成期，这时为了使这一新技术能够形成规模化和产业化，商业模式的创新就非常重要，而对于处于成熟期的产业则不存在这个问题或这个问题不太能阻挡产业的发展。因此，在评价产业竞争力时，应该找准该产业的发展周期，而已有的研究没有带上时间的痕迹。

最后，无论从波特的"钻石理论"体系还是其他的理论来看，都阐述了产业竞争力是由多个影响因素综合作用的结果，同时影响因素之间也相互作用，对产业整体竞争力产生作用。从目前的已有研究看，大多是对产业竞争力与各个影响因素之间的相互关系的研究，但是却少有见到影响因素之间影响关系的研究。实际上，所有影响因素与产业竞争力之间、各个影响因素之间是相互影响、互相作用的，针对各个影响因素之间的关系的研究应该是产业竞争力的研究内容之一。

针对已有的研究成果，本书努力吸取其中精华，针对已有研究的不足，本书将尽力弥补及完善。本书将站在系统论、协同论、自组织理论等现代管理学、经济学及其他科学的最新理论的高度上，发展已有的理论成果，尽力弥补已有的研究缺陷。

第三节　本书的研究方法

一　文献分析法

本书通过对物联网的定义、体系结构和发展特点，以及产业竞争力的主要文献进行分析，得到影响形成期的物联网产业竞争力的主要因素。产业竞争力（竞争优势）研究已经经历了二百多年，前人产出了较多的理论成果，其中绝对优势理论、比较优势理论、资源禀赋理论、钻石模型理论、新钻石理论等理论蕴含着丰富的内涵，对后续研究具有重要的参考价值，因此，对已有文献进行分析、比较是吸收前人精华的必要过程。

二　问卷调查法

问卷调查法是一种调查方式。该方式通过填写问卷的形式收集所需要的研究材料。由于物联网产业处于形成期，统计范围没有界定，国家还没有相关的统计数据，因此，通过调查问卷的形式获取第一手资料是理想的方法。同时，物联网作为新鲜事物，观测消费者对该新鲜事物的态度非常重要，因为态度表明人们对新鲜事物所持的或贬或褒的倾向，通过了解人们对物联网接受和应用的态度，可以更好地制定相关的政策指导人们更好地应用物联网技术。因此，通过问卷中测试项目的填写，可以较为理想获取相关的数据，了解人们对物联网的态度，从而做进一步的统计分析。

三　灰色关联法

灰色关联法是用自变量变化与因变量变化的相似度来判定自变量与因

变量关联度大小的一种评价方法。不像别的评价方法，灰色关联法对数据量要求不高，数据量少也可以进行评价，尤其适合数据量缺乏的评价。目前，国际国内对物联网的定义还没有统一，物联网产业的范围更没有界定，国家还没有有关物联网产业的统计，物联网产业的数据极其缺乏，应用其他的方法对数据量要求高，而灰色关联法由于对数据量的要求不高，特别适合本研究。本研究利用较少的数据研究物联网产业技术竞争力和产业集群竞争力系统，从而让系统由灰变白，让人们认清楚上述系统的发展规律，有助于指导物联网产业发展和竞争力的培育。

四　结构方程模型法

结构方程模型法是一种集定性与定量于一体的方法。结构方程模型先从理论上构建影响因素模型，再通过调查或统计数据对理论模型进行验证性因子分析，得到潜变量之间的定量影响关系。评价物联网产业的竞争力的影响因素要从理论上对各个因素做定性的分析，重要的是从影响因素方面评价它们对竞争力的贡献大小，结构方程模型法的标准化路径系数能够表征影响因子对被影响主体的贡献的大小，并通过严格的检验保证定性假设的定量分析的科学性。针对目前学界对物联网产业的分析几乎全是定性分析的情况，结构方程模型法集定性与定量于一体，突出定量的科学性，对物联网产业的发展更具有指导意义。

本 章 小 结

本章主要对本研究的相关基础理论、相关文献与研究方法进行了介绍。本研究的相关基础理论包括物联网的定义、物联网的体系架构和物联网的应用等物联网相关基础理论，包括产业竞争力理论、区域产业竞争力理论和高新技术产业竞争力理论等竞争力基础理论。此外还介绍了本研究的研究方法，具体包括文献分析法、问卷调查法、灰色关联法和结构方程模型法等。

第三章 形成期物联网产业竞争力关键影响因素分析

第一节 物联网产业发展的所处阶段——形成期

1966 年 Vernon 提出了产品生命周期理论，随后 James M. Utterback 和 William J. Abernathy 等以产品的主导设计是否形成为标准，将产品的发展过程分成流动阶段、过渡阶段和确定阶段。1982 年，Klepper 和 Gort 通过对多达 46 个产品最多长达 73 年的数据进行分析，建立了第一个产业生命周期模型。产业生命周期是指产业从萌芽到完全退出经济与社会的历史舞台所经历的初创、成长、成熟和衰退四个阶段。物联网产业作为战略性新兴产业，段小华[1]把新兴产业分为孕育期、成长期和发展期三个阶段，并且根据技术体系、创新模式、主导设计、经济规模、市场环境等因素来判断我国的物联网产业发展整体上处于孕育期。邱善勤[2]把我国的物联网产业发展阶段分为自然发展阶段、生态意识阶段和生态系统阶段三个阶段，并且把我国的物联网产业发展的 2009—2015 年定位为生态意识阶段。而由中关村物联网产业联盟和长城战略咨询联合发布的《物联网产业发展研究（2010）》[3] 预测中国物联网产业未来十年（2010—2020 年）将经历应用创新、技术创新、服务创新三个主要发展阶段，形成公共管理和服务、企业应用、个人和家庭应用三大细分市场。而对于新兴产业的演化过程而言，主要包括形成、成长和发展三个阶段。前端是新兴技术向新兴产业的过渡期；中间是主导设计确立后，技术快速扩散、市场急剧发展的成

---

① 段小华：《关于当前战略性新兴产业发展阶段的初步判断》，《科技创新与生产力》2010 年第 9 期。

② 邱善勤：《物联网产业发展阶段分析》，《中国科技投资》2010 年第 10 期。

③ 《物联网产业发展研究（2010）》。

长期；后端是新兴产业走向市场稳定、收益递减的成熟期①。本研究认为，在认定作为战略性新兴产业的物联网产业的发展阶段的问题上，把产业的发展阶段分为孕育期、成长期和发展期或形成、成长和发展三个阶段较为合适，主要原因是物联网产业作为新兴产业，本身包含对未来经济有较强的拉动作用和对经济结构具有较强的升级作用，它们名为"新兴产业"，就意味着处于产业上升阶段，潜力巨大，还不涉及或者目前根本不可能有衰弱的迹象，进而战略性新兴产业的发展阶段不包含衰败期。因此，本研究基于把物联网产业的发展分为形成、成长和发展三个阶段的理论，进一步探究目前物联网产业发展究竟是属于形成期、成长期或发展期的某一具体阶段。

在判断一个产业的发展阶段的研究中，学者们一般是依据技术体系、创新模式、主导设计、经济规模、市场环境等因素来判断。判断标准是：如果产业具有许多技术还没有完全解决，商业模式处于摸索阶段，主导设计还未出现，经济规模较小但是增长率很高等特点，则该产业处于产业形成期；如果产业许多技术已经解决，模式确立，主导设计明确，各家厂商正处于规模化生产的阶段，则产业处于成长期；如果产业技术已经构建了全面的技术体系，产品创新减少，工艺创新增多，主导产品结合技术相对成熟，产业已经形成完整的产业链，则该产业处于产业发展期。具体判断依据见表3.1②。

表3.1　　　　　　　　战略性新兴产业的各阶段的具体特征

创新要素	孕育期 （形成期）	成长期	发展期	形成的标志举例
技术体系	核心技术已经突破	绝大多数的产品开发与工艺流程已经解决，具备技术集成应用条件	上下游产业的配套技术全面发展	三网融合
创新模式	重大产品创新开始出现	工艺创新和产品创新并行，技术线路基本确定	产品创新减少，工艺创新增多	新能源产业、生物育种产业

---

① 纪志成、王艳：《中国物联网产业技术创新战略研究》，《江海学刊》2011年第6期。

② 段小华：《关于当前战略性新兴产业发展阶段的初步判断》，《科技创新与生产力》2010年第9期。

续表

创新要素	孕育期 （形成期）	成长期	发展期	形成的标志举例
主导设计	无明确的主导设计	有明确的主导设计，产品成本下降，工艺较完善	主导设计已经确定，形成了较多的标准体系	传感器的微型化，规模化的应用对物联网产业的形成新的发展机遇
产业规模	用户较少，产业规模小，增长快	专用设备、产值和配套产业的总规模达到一定的数量	有完整的产业链	新能源汽车电池技术、充电设施、可靠性等方面取得突破
市场环境	生产、消费脱节，商业模式未成型，产业政策尚待建立	市场结构和政策环境适合不同技术，不同企业和商业模式	多种的商业模式，产业政策完备，竞争环境有序	如新材料、新能源等解决了多品种、微量、非稳定等多种技术问题

资料来源：段小华：《关于当前战略性新兴产业发展阶段的初步判断》，《科技创新与生产力》2010 年第 9 期，有些内容经过笔者整理加工。

根据上述的技术体系、商业模式、主导设计、经济规模、市场环境等判断标准，下文展现现阶段物联网产业的发展特征，以定位物联网产业现在的发展阶段。

1. 技术体系

物联网所涉及的技术包括射频识别（RFID）、全球定位系统（GPS）、感应器、激光扫描器、自动识别、二维码、微机电系统（MEMS）、自组织网络、传感网、物联网、中间件技术、嵌入式软件和嵌入式系统、QoS 管理、密匙建立和分发机制、数据加密、数据安全协议、数据加密算法、认证技术、设计验证技术、智能交互与协同感知等技术，应该肯定的是，上述技术中的大部分目前已经成熟，物联网是典型的在旧技术基础上的集成创新与集成应用，可以看做是"旧瓶装新酒"的应用。

2. 商业模式

目前的物联网的商业模式多种多样，张云霞[①]把目前的商业模式分为以直接提供通道为主、以间接提供通道为主、以自营为主兼有合作开发、以自营为主兼有合作开发与推进、统一规划以自主建设和运营为主也提供

① 张云霞：《物联网商业模式探讨》，《电信科学》2010 年第 4 期。

定制服务模式、以合作运营为主、合作运营与定制标准化模块、提供通道及合作运营、提供通道服务合作开发单独推广等众多的模式，但是目前没有一种商业模式处于主导地位，各种商业模式在各自的应用领域各行其道。

3. 主导设计

目前国际上有关物联网的标准正处于制定阶段，各国为了能在标准制定上取得话语权，都加大物联网技术研发的投入力度，没有出现统领各国市场的主导设计。国内市场上，各个企业大多处于自己摸索、自行开发的状态中，很多技术的标准没有出现，使得较多厂商的物联网产品不能兼容，更不要说主导设计的形成。

4. 市场规模

赛迪顾问的研究结果（见图3.1、图3.2）显示，2011年，国内物联网市场规模为2571亿元，而到2013年，市场规模则达到4896亿元，增长率均接近40%，显示出物联网产业旺盛的增长规模。

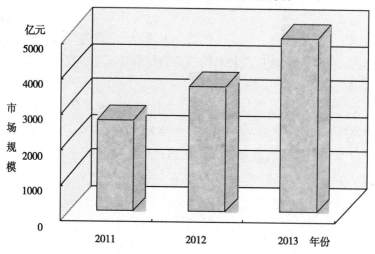

图3.1　2011—2013年中国物联网产业市场规模

资料来源：赛迪顾问，2011年8月。

根据上述的物联网产业技术体系、商业模式、主导设计、市场规模在中国的发展现状，本研究认为，目前中国物联网产业处于形成期。

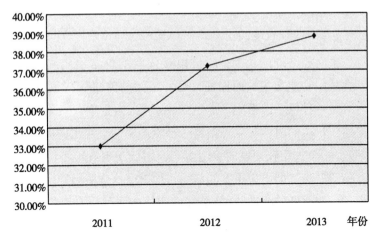

图 3.2　2011—2013 年中国物联网产业市场规模增长率
资料来源：赛迪顾问，2011 年 8 月。

第二节　形成期物联网产业竞争力的影响因素分析

一　产业竞争力影响因素主要理论及其影响因素

对于什么是产业竞争力，世界很多的学者、研究机构以及我国的学者都有过较为深入的研究。波特认为，产业竞争力实际上是以某种贸易背景为条件，产业开拓、占据某个或某地市场，且获取更多利润的能力[①]。世界经济论坛（World Economic Forum，WEF）认为，国家竞争力是一个国家达到永续经济成长及提高国民平均所得目标的总体能力。瑞士洛桑国际管理学院（International Institute for Management Development，IMD）于 20 世纪 70 年代对产业竞争力的概念进行了界定，认为国家竞争力是一个国家创造资源附加值，并增进全体国民财富的实力。我国学者金碚认为，竞争力是竞争主体在竞争中所表现出来的力量的对比，是一个多层次和综合的概念。此外，张超、郭京福、陈红儿等学者也对产业竞争力进行过定义。从上述的对产业竞争力或国家竞争力概念的描述中，可以隐约看出影响产业竞争力或国家竞争力的因素：市场利润、劳动生产率、市场占有率等。后续的研究都是基于前人经典理论的发展，下面介绍经典竞争力理论

---

① Micheal E Poter, The Competitive Advantage of Nations, The Macmillan Press Ltd. , 1990.

下的产业竞争力的决定因素。

（一）马克思主义经济理论

马克思主义经济理论认为，"谁以最便宜的价格出卖统一质量的商品，谁就会战胜其他卖主，而保证自己有最大的销路"，"买主和卖主之间的竞争既是一种供求关系"。因此，马克思认为竞争力来源于价格和市场占有率的较量。同时，马克思指出劳动生产率的差距也将造成竞争力的差距，"只要一个人用较便宜的费用生产，用低于现有市场价格或市场价值出售商品的办法，能出售更多的商品，他就会这样去做……把社会必要劳动减少到新的更低的标准"。从上述的表述中可知，马克思认为劳动生产率的提高对于获取竞争优势起到关键的作用。因此，马克思主义经济理论认为产业竞争力取决于价格、市场占有率和劳动生产率。

（二）绝对优势理论

1776 年，古典经济学家亚当·斯密提出了绝对优势论。该理论认为，每个国家都有适宜生产某些产品的生产条件，不同国家在拥有绝对优势的基础上进行国际分工和国际贸易，交易双方都能获得益处。亚当·斯密将不同国家生产同种产品的成本进行比较，成本较低的国家将获得贸易的优势，因此亚当·斯密的绝对优势理论认为，竞争力的来源在于成本的优势上。谁以较低的成本生产，谁将获得竞争优势。

（三）比较优势理论

1871 年，大卫·李嘉图（David Richardo）在绝对优势理论的基础上，将该理论演化为比较优势理论。大卫·李嘉图在《政治经济学及赋税原理》中阐述了比较优势理论的思想。该理论认为，任何国家可以通过出口在生产率方面具有比较优势的产品而进口比较劣势的产品来增加自身的福利。李嘉图认为，任何产品只消耗劳动这一种资源，并且劳动力不能跨国和跨部门流动，这对于今天的世界经济全球化和经济一体化的现状显然是不适用的。该理论认为生产率是竞争力的决定因素。

（四）赫克歇尔—俄林理论

进入 20 世纪，比较优势理论有了新的进展，代表理论是赫克歇尔—俄林埋论（H-O 理论）。该理论认为，在某种具体产品的生产中，并不只是消耗劳动这一种生产要素，而是要消耗两种或以上的要素。该理论认为，比较优势的产生源于各区域生产要素相对禀赋的不同和不同商品生产在要素利用密集形式上的差异。由于国家之间的资本和劳动要素等资源禀赋的不同，各个国家可以采取不同的生产或进口策略。资本充足的国家或地区具有生产资本密集型产品的优势，而劳动密集型的国家或地区具有生产劳动密集型产品的优势。该理论认为竞争力来自于两种或以上的要素的相对禀赋的不同。

（五）产品生命周期理论

美国学者弗农（R. Vernon）在1966年提出了产品生命周期理论。弗农把产业生命周期划分为四个阶段：起步期、成长期、成熟期和衰退期。在产业的不同阶段，影响产业竞争力的因素是不同的。起步期，产品在技术、功能上的创新是取得竞争优势的关键。成长期，市场需求规模、投资和营销等相关能力是决定因素。而到了成熟期，更低的劳动成本以及其他的资源要素将逐渐成为较为重要的关键要素。衰退期，此时市场已经相当的饱和，已有的产品未能满足消费者的需求，期待技术创新生产出新的产品。因此，该阶段的竞争力的决定因素是技术创新能力。该理论在考察产业竞争力时，把随着时间变化的产业变化考虑其中，用发展的眼光观察产业竞争力的问题，为竞争力理论做出了贡献。

（六）钻石理论

美国哈佛大学教授迈克尔·波特通过考察世界许多国家的100多个产业的实际情况后，提出了著名的"钻石模型"理论。"钻石模型"理论认为，国家的竞争优势来自生产要素、需求条件、企业的战略结构和竞争、市场四个主要要素和政府、机遇两个辅助要素的作用。上述的四个主要要素和两个辅助要素相互作用、互相影响，最终形成了国家的竞争优势。"钻石模型"理论最初虽然是用来分析国家竞争优势的理论，但是后来演变成了分析国家或地区产业竞争力的一个模型而被广泛应用于各行各业。

此外，在波特的"钻石模型"的基础上，各国学者结合国家和产业的特点，演化出各种不同的模型。英国学者邓宁（J. Dunning）非常重视越来越多的跨国公司的全球商务活动，将跨国公司作为一个重要影响因素添加到"钻石模型"，就是"国际化钻石模型"。克鲁兹和鲁格曼在研究加拿大的国家竞争优势时，强调美加两国所订立的"美加自由贸易协定"的重要性，提出了包括美加两国的钻石模型而形成的"双钻石模型"。此后，韩国学者赵东成在对韩国的产业现状进行考察研究的基础上，提出"九要素模型"；我国学者金碚以中国国情为依据提出"工业品国际竞争力分析框架"。芮明杰把知识吸收与创新能力作为一个核心要素，加到

"钻石模型"的中心,提出了"新钻石模型"。

（七）产业集聚理论

（1）马歇尔的外部经济理论。马歇尔认为,规模经济有两种形式,一种是产业发展的外部规模经济,与专业生产某种产品和某一类产品的产业集中在某个区域有关。另一种是企业内部的规模经济,这与各企业的组织和管理绩效相互联系。马歇尔认为,产业集群是外部规模经济所致。生产同一种产品的厂商聚集于同一区域,共享交通、水电、信息、网络等基础设施,比单个企业自己提供上述设施经济得多。同时企业聚集在同一地理区域,便于企业的技术人员交流编码化和非编码化信息,以及隐含的如经验类的知识的交流,从而形成合作的创新网络,有利于企业的技术扩散从而进一步促进技术创新。

（2）韦伯的工业区位理论。韦伯认为,产业集聚的形成主要是取决于四个方面的因素:技术设备的发展、劳动力组织的发展、市场化因素以及经常性开支成本。上述四个因素相互作用从而形成了规模经济,使产业集群内的企业的竞争力得到提升。

（八）"九要素"模型

钻石模型的影响虽然深远,对发达国家具有坚强的适用性,但是对于发展中国家,由于经济基础、科技水平、制度等方面的差异,钻石模型的适用性大打折扣。因此,发展中国家的学者纷纷构建适用自己国家的产业竞争力影响因素框架。韩国学者赵东成（Dong-Sung Cho）构建了"九要素"模型。具体来说,"九要素"模型理论认为发展中国家的产业竞争力是由物理因素和人力因素及机遇组成。物理因素包括商业环境、国内环境、资源禀赋和相关及支持产业;人力因素包括政治家和官僚、企业家、职业经理人和工程师及工人。

（九）新钻石模型

我国学者芮明杰在原有的钻石模型的四大要素中加入"知识吸收与创新能力",从而构成了"新钻石模型"。"新钻石模型"强调知识吸收和创新能力的核心作用,比较切合我国的产业发展状况。

（十）刘小铁的"六要素论"

江西财经大学学者刘小铁认为,产业竞争力的决定因素包括政府作用、资源条件、技术创新、企业素质、产业集群度、产业组织结构六个要素。

综上理论，世界竞争力理论研究较为深入，产生了较为丰富的成果。各个理论、代表人物及该理论的竞争力影响因素见表3.2。

表3.2　　　　　产业竞争力理论、代表人物及理论的内容

理论	代表人物	内容（竞争力决定因素）
马克思主义政治经济学	马克思、恩格斯	劳动生产率、生产成本、市场占有率
绝对优势理论	亚当·斯密	绝对成本优势
比较优势理论	大卫·李嘉图	劳动生产率
赫克歇尔—俄林理论（H-O理论）	赫克歇尔—俄林	优势产生于两种或以上的要素的相对禀赋的不同
钻石模型	迈克尔·波特	生产要素、需求条件、相关及支持性产业、企业战略结构和竞争、政府、机遇
产业生命周期理论	弗农	随着产业生命周期的演进，比较优势是一个动态的过程。决定因素由技术演化为资本，最后演化为劳动
产业集聚理论	马歇尔、韦伯	外部规模经济
"九要素"模型	赵东成	商业环境、国内环境、资源禀赋、相关及支持产业、政治家和官僚、企业家、职业经理人和工程师、工人及机遇
新钻石模型	芮明杰	生产要素、需求条件、企业战略结构和竞争、相关及支持产业、知识吸收与创新能力
六要素论	刘小铁	政府作用、资源条件、技术创新、企业素质、产业集群度、产业组织结构

二　已有理论的缺陷、本书构建原则及物联网产业竞争力因素系统

（一）已有产业竞争力影响因素（决定因素）理论的缺陷

任何一种理论都有其适用的范围。经典的理论如马克思主义政治经济学、绝对优势理论、比较优势理论、赫克歇尔—俄林理论（H-O理论）等理论出现的时间比较长，理论精髓和缺陷早已被学者们深入研究，本书仅仅就近几十年来出现的理论如"钻石理论""九要素"模型、新钻石模型、六要素论等理论做一评价。

首先，"钻石模型"把产业竞争力的主要决定因素归结为环境因素，但缺少对产业内部因素的追寻，显然是一个较大的缺陷。生产要素、需求条件、相关及支持性产业、企业战略结构和竞争、政府、机遇等都是产业发展所必需的环境，是外因，但是内因才是决定一个产业发展的主要因素。特别是作为高技术产业的物联网，产业技术创新作为内因是产业竞争

力的核心要素。同时，在发展中国家，政府对产业的发展介入较深，例如，印度的软件产业得益于政府的教育计划、培训计划等，因此政府政策对产业竞争力影响较大，是竞争力的内生变量。

其次，"新钻石模型"虽然已经把"知识吸收与创新能力"作为核心变量，符合当代知识经济发展的现状，但是我国作为全球第二大经济体，在竭力从价值链的"低端"爬向"高端"的过程中，在国家大力倡导由"中国制造"向"中国智造"转变的过程中，我国的企业应该把"创新能力"作为创造核心竞争力的唯一因素，而不是先"知识吸收"，然后才是"创新"。特别是物联网产业，在全球国家和地区中，我国的技术与美、日、韩、欧基本处于同一起跑线，为了赢得技术领先优势，我国应该坚决以"技术自主创新"作为物联网产业竞争力提升的核心要素。

再次，"钻石模型""新钻石模型""六要素论"及"九要素"模型等理论都是以"市场占有率"或"市场利润"作为评价竞争力的最终结果，仅仅注重产业竞争力的"经济属性"。但是，在国际经济新形势下，以及我国处于生态、环境治理的特殊形势下，评价一个产业竞争力的大小不仅应该衡量"经济属性"，还应该同时衡量产业的"社会属性"和"生态属性"。因为有些产业虽然具有较强的市场占有率，但是企业消耗大量的资源，带来严重的生态破坏和许多的社会问题，这样的产业是不具有竞争力的产业。

最后，已有理论缺乏对产业生命周期的考虑。任何一个产业都是处于生命周期中的某一阶段，在不同的阶段中，产业竞争力的影响因素是截然不同的。因此，应该全面体现特殊产业发展阶段的竞争力影响因素，以发展的观点考察竞争力形成系统。

（二）物联网产业竞争力影响因素的构建原则

1. 内、外因相互作用，以内因为主

任何事物都是内、外因相互作用的结果。辩证唯物主义原理指出，外因是事物发展的条件，而任何的条件和环境因素都要通过内因才能促使事物发展。因此，尽管外因对事物的发展不可缺少，但是内因才能决定事物的发展。在物联网产业发展中，技术创新始终是产业发展的内在因素。

2. 同时考虑"经济属性""社会属性"和"生态属性"

产业在发展过程中不应该只追求经济效益，而应该把产业发展过程中对社会和生态产生的影响与经济效益一起考虑。我国再也不能走"先发展再治理"的老路，环境保护与维持生态平衡与经济发展一样重要。污染环境的产业，即使经济效益再好也不可取。经济发展最终的目的是"人的发展"，生态破坏严重威胁人类的生存和健康，只有把"经济属性"与"社会属性"和"生态属性"一起衡量，才符合经济"又好又快"的经济发展理念。

3. 注重产业发展的"过程性"和"阶段性"，体现产业发展的特殊时期

产业终究是出于某一具体产业周期中的产业，在不同的产业周期中，竞争力的决定因素是截然不同的。在产业没有形成规模即产业化之前，具有开拓性的商业模式对产业的发展具有巨大的推动作用。同时，产业发展初期产业链不具有良好的协作能力，合理利益分配机制缺失，此时国家对产业的管理非常重要，例如制定相关法律和政策等。

4. 一般性与特殊性结合，以特殊性为主

产业的发展往往呈现一般的规律，这为人类认识产业发展指明了方向。但是，不同的产业之间的差距是巨大的，例如制造业和高新技术产业的软件业就相差很大，前者基本依物质资源，尽管也要技术创新；后者却完全依靠技术创新和知识资源，基本不需要实体的资源。因此，产业与产业之间的差别有时是巨大的，体现其差别的"特殊性"才能体现某一产业的本质属性。

（三）物联网产业竞争力因素系统

本书认为，物联网产业竞争力系统是由环境因素、核心因素、过程因素、目标因素相互作用、互相影响而成一个系统。上述四种因素最终的结果是物联网产业竞争力的形成（见图3.3）。在物联网产业竞争力因素系统中，外因（环境因素）作用于内因（核心因素），在这个作用的过程中，体现产业发展过程中特殊阶段的因素（过程因素）作用于外因促进内因发展的过程，最终促成实现物联网产业发展的目标（目标因素），而在物联网产业发展目标的实现过程中，产业竞争力也得到提升。

三　形成期物联网产业竞争力的主要影响因素分析

国内对物联网普遍接受的定义为：通过射频识别（RFID）、红外感应器、全球定位系统、激光扫描器等信息传感设备，按约定的协议，把任何物品与互联网连接起来，进行信息交换和通信，以实现智能化识别、定

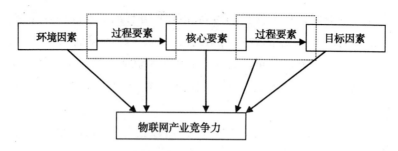

图 3.3　物联网产业竞争力因素系统

位、跟踪和管理的一种网络①。物联网作为战略性新兴产业，因其巨大的未来市场规模和对其他产业带动的乘数效应，各国政府普遍高度关注并积极部署该产业的发展。美国将物联网作为振兴经济、确立竞争优势的关键战略，欧盟提出《欧盟物联网行动计划》，日本、韩国也出台了物联网规划。

温家宝总理 2009 年在无锡视察时提出"尽快建立'感知中国'中心"，并在《国民经济和社会发展第十二个五年计划》中提出要大力发展物联网产业。至此，全国各地纷纷出台规划和政策，将物联网作为重点发展和扶持的产业，争取在新一轮的产业调整中着重培养本地物联网产业较强的竞争力，占领产业竞争的制高点。

（一）相关研究回顾

关于产业竞争力的研究，学术界主要集中在产业竞争力的内涵、产业竞争力的决定因素、产业竞争力的评价标准及指标体系、政府在提升产业竞争力中的作用以及有关具体产业的实证研究等几方面。

1. 概念方面，目前还没有统一的有关产业竞争力的概念，不同的组织和学者从不同的角度进行阐述。世界经济论坛和瑞士洛桑国际管理学院于 20 世纪 70 年代对产业竞争力的概念进行了界定。美国学者波特认为，产业竞争力是在一定的贸易条件下，产业所具有的开拓市场、占据市场并以此获得比竞争对手更多利润的能力②。国内学者金碚、陈红儿及陈刚也对该概念进行了研究。

2. 在产业竞争力的决定因素的研究方面，成果颇为丰硕。国外方面，波特的"钻石模型"关注决定产业竞争力的因素包括生产要素、需求条

---

①　周洪波：《物联网：技术、应用、标准和商业模式》，电子工业出版社 2011 年版。

②　Micheal E Poter，The Competitive Advantage of Nations，The Macmillan Press Ltd. 1990.

件、相关和支持产业、国内市场、机遇和政府。英国学者邓宁（J. Dun-ning）考虑到日益增多的跨国公司的活动，将跨国公司加入到钻石模型当中，形成了"国际化钻石模型"①。鲁格曼和克鲁兹在分析加拿大的竞争优势时考虑到加拿大和美国签订的美加自由贸易协定的影响，提出了"双钻石模型"。此后，韩国学者赵东成（Dong-Sung Cho）在考察了韩国的现状后，提出了适用于发展中国家的"九要素模型"。国内方面，学者金碚根据我国国情，提出了"工业品国际竞争力分析框架"。把影响因素分为间接因素、直接因素和实现因素三方面，从竞争潜力、竞争实力和竞争力表现三方面加以分析。芮明杰教授在波特教授的"钻石体系"中加了一个核心，即知识吸收与创新能力②，形成了以知识吸收与创新能力为核心的"新钻石模型"。刘小铁基于产业竞争力主要受产业内部因素影响的观点，从竞争力内生变量和外生变量二个层次分析产业的竞争力。具体包括资源条件、技术创新、企业素质、产业集群度、产业组织结构和政府作用，提出了"六要素论"③。

3. 物联网产业竞争力的研究方面，因为物联网产业是战略性新兴产业，无论是技术方面还是产业化研究方面都处于探索阶段中，所以针对物联网产业竞争力的研究寥寥无几。吴灼亮对中国高技术产业进行了分析，把影响高技术产业的国际竞争力的因素分为直接来源因素和动力因素。直接来源因素包括价格、质量、性能、结构、服务、产品差异化、响应性/交货期和标准化等，而动力因素由产业要素、市场需求、产业竞争结构和企业策略、产业网络体系、国家基础设施、政府政策组成④。周晓唯、杨露根据物联网产业的高技术性，修正了"钻石模型"，将高级生产要素、技术研发能力发展战略、国内市场需求状况、相关及支持性产业、机遇和政府及制度作为主要评价因素构建模型⑤。

---

① John H Dunning: "Internationalizing Poter's Diamond", Management International Review, Second Quarter, Vol 33, 1993.

② 芮明杰、富立友、陈晓静：《产业国际竞争力评价理论与方法》，复旦大学出版社2010年版。

③ 刘小铁：《产业竞争力因素分析》，江西人民出版社2009年版。

④ 吴钧亮：《中国高技术产业国际竞争力评价——理论、方法与实证研究》，经济科学出版社2009年版。

⑤ 周晓唯、杨露：《基于"钻石模型"的我国物联网产业发展竞争优势研究》，《理论导刊》2011年第8期。

综上所述，国内外对产业竞争力的研究已经较为深入和广泛，研究成果对培育各国或地区优势产业起到了很好的指导作用。然而物联网产业作为战略性新兴产业，本身具有两层含义：一是产业的战略性，二是产业的新兴性。所谓战略性是这一产业形成一定规模后能对经济社会产生重要的影响。二是应当具有特殊功能，对经济社会发展具有深远的影响。所谓新兴性，主要在于这些产业所应用的技术比较前沿，有些尚未成熟，技术的产业化才刚刚起步①。鉴于物联网产业在国民经济中的特殊地位，对物联网竞争力的影响因素进行研究进而构建评价模型，具有非常重要的理论和实践意义。

（二）形成期的物联网产业特点及产业竞争力模型构建

1. 物联网产业处于形成期

产业生命周期理论认为，产业的发展和人的生长一样，必须经历起步期、成长期、成熟期和衰退期（见图3.4）。而对于新兴产业的演化过程

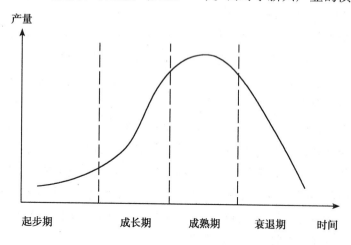

图 3.4　产业生命周期

而言，主要包括形成、成长和发展三个阶段。新兴产业的前端是新兴技术向新兴产业的过渡期，即技术研发和产业化前期；中间是主导设计确立后，技术快速扩散、市场急剧发展、产业配套逐步形成的成长期；后端是

---

① 黄卫东、岳中刚：《物联网核心技术链演进及其产业政策研究》，《中国人民大学学报》2011 年第 4 期。

新兴产业走向市场稳定、收益递减和扩散减弱的成熟期①。综合产业生命周期理论和新兴产业的演化特点，本书认为我国物联网的发展阶段处于产业生命周期中起步期向成长期的过渡期，即产业形成期。在这个时期，物联网技术在很多方面取得了突破，如 RFID 技术比较成熟，RFID 标准体系形成，传感网标准制定工作启动，2012 年 3 月底，工业与信息化部宣布国际电信联盟第 13 研究组会议审议通过了由我国工业与信息化部电信研究院发起立项、国内相关单位提交的"物联网概述"标准成为国际标准，表明我国的物联网技术日趋成熟。但是由于投入市场时间不长，市场需求未成规模，处于小批量生产的阶段，因此生产与交易成本较高。由于缺乏成功的商业模式，产业化进程步伐很慢。

2. 形成期的物联网产业发展特点

（1）政府主导和保护。考察美国 19 世纪 70 年代到 20 世纪初期钢铁工业的发展历史可知，政府在钢铁工业这一当时战略性新兴产业的发展中，贸易保护政策为国内市场扫清障碍立下汗马功劳。森德拉拉简（Sundararajan）对美国钢铁业的关税保护水平进行了计算，从而得出：1872—1889 年，美国的有效关税水平极高，税率平均值为 89.9%，1883年和 1889 年甚至达到了 126% 和 147%，1890—1913 年，有效关税率在30%—40% 的低水平，平均值为 16.8%②，1872—1889 年是美国钢铁业的成长期，从上述数字可以看出美国政府贸易保护主义政策在钢铁业发展初期起着极其重要的作用。物联网产业作为全球的战略性新兴产业，各国政府普遍花大力扶持该产业的发展并进行保护。而保护的表现之一是提供发展专项资金。美国奥巴马政府斥资 110 亿美元用于智能电网和相关项目。韩国的 U-life 计划投资 250 亿美元，目标是在 2014 年建成松岛泛在城市③。我国政府也提供发展专项资金用于发展物联网产业。这些，却充分显示了物联网产业的政府主导性和保护性。

（2）以自主创新为核心。在高技术领域，技术创新已成为决定企业和国家竞争力的重要因素，技术先进性和技术产业化制约着发展中国家的

---

① 纪志成、王艳：《中国物联网产业技术创新战略研究》，《江海学刊》2011 年第 6 期。

② 贾根良、杨威：《战略性新兴产业与美国的崛起》，《经济理论与经济管理》2012 年第 1期。

③ 赛迪顾问：《2010—2011 年中国物联网产业发展研究年度报告》。

跨越式发展①。由于物联网产业处于形成期，并没有通行的技术标准左右全球的市场，需要各种新技术推动整体产业的发展。法国在 19 世纪上半叶科技的辉煌以及 20 世纪 60 年代到 80 年代在航空航天、核能、高铁以及农业和食品加工业的辉煌得益于自主创新，而 20 世纪 90 年代法国在以信息技术为代表的上一轮技术创新浪潮中落后的经验表明，丧失技术创新机会意味着国家发展的被动②。所以，要在物联网产业的发展中取得主动权，只能依靠本国的自主创新，以自主创新走出一条中国特色的物联网产业发展道路。

（3）以国内市场为基础。形成期的物联网产业由于受产业链各环节的技术不成熟、标准不统一、企业所看到的市场前景不明朗、商业模式也不清晰等因素的影响，各个国家基本是以国内市场作为产业发展的试验田，在政府的指导下有规划地发展本国或本地区的物联网产业。汉密尔顿的幼稚产业保护理论为贸易保护主义政策开辟了道路，但是更重要的内容在于为这些关键性新兴产业提供某种暂时的壁垒，使之能够在排除外来竞争干扰的情况下实现动态学习过程③。在学习过程中逐渐成长，渐渐增强产业竞争力。

（4）管理创新影响深远。在物联网产业的发展中，虽然技术创新是产业发展的核心，但是非技术性因素如风险、商业模式管理等因素也直接影响产业竞争力的培育。物联网产业的发展与其他的一些技术经济所不同的是：由于物物相连、人物相连的过程中传递的是信息，并且有很多是隐私及商业秘密信息，如果对上述信息处理不当，很难说物联网是通天塔还是地狱。对物联网的管理与发展物联网产业本身一样重要。对信息安全、商业秘密与隐私等进行管理将为物联网产业的发展起保驾护航的作用。2009 年欧盟《物联网——欧盟行动计划》中规定物联网 14 项行动计划，针对管理、隐私及数据保护、"芯片沉默"的权利、潜在危险、环境问题等物联网的各项管理项目进行了详细的规定，制定了具有前瞻性的管理措施，充分显示出非技术要素的重要性。

---

① 黄宁燕、孙玉明：《法国创新历史对我国创新型国家创建的启示》，《中国软科学》2009 年第 3 期。

② 同上。

③ 贾根良、杨威：《战略性新兴产业与美国的崛起》，《经济理论与经济管理》2012 年第 1 期。

（5）对经济、社会和生态的联动作用。物联网产业的发展对经济的渗透作用较以往的任何一种技术都强。根据《ITU 互联网报告 2005：物联网》，到 2020 年，物联网的通信业务总量将达到传统电信业总量的 30 倍①，物联网产业将创造新的市场需求带动经济发展。物联网将在一定程度上改变我们对传统的生产、生活方式和生活内容的看法，使我们的认识更接近事物的本真，从而改变我们的生产生活以及生存发展的方式，对社会发展产生深远的影响。物联网产业的发展能大大地节省能源开支，更好地保护生态环境。赛迪顾问近期发布的《中国环保物联网应用白皮书》，展现出物联网技术对环境保护良好的联动性。

3. 形成期物联网产业竞争力模型构建

基于上述对物联网产业发展特点的分析，根据物联网产业竞争力因素系统，技术创新始终是推动产业发展的动力，位于模型的核心，是核心因素。外围层是自主创新的外在环境，包括宏观、中观环境，即政府、产业集群。体现物联网产业发展特殊时期——形成期的因素是过程因素，包括管理自主创新、市场接受与应用，以及体现发展物联网产业的目标的目标因素：对经济社会和生态的联动作用（见图 3.5）。

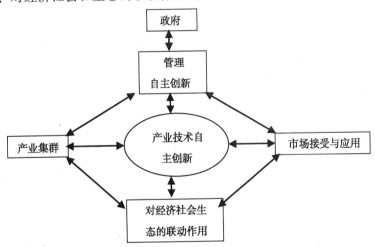

图 3.5　形成期物联网产业竞争力模型

（三）形成期的物联网产业竞争力影响因素分析

1. 核心因素：产业技术自主创新

对于实行追赶战略的欠发达国家而言，可以以增加资金投入、大建基础设施、学习已有的尖端技术来发展经济。但对于像我国的实行超越发展战略的国家，必须坚持自主创新才能引领时代的潮流。《2010—2011 年全球竞争力报告》中，国家竞争力排名前 10 名的国家的创新指数中，除了第三名新加坡（5.07）以及第六名日本（5.72）创新指数与排名有些异常的波动外，其他国家的排名与创新指数呈现出较强的正相关（见图 3.6）。由此可知国家创新力对提高国家和地区竞争力的促进作用。中国排名 27 名，创新指数为 4.13，中国香港排名第 11 名，创新指数为 4.46，中国台湾第 13 名，创新指数为 5.23，两岸三地总体创新实力不强。

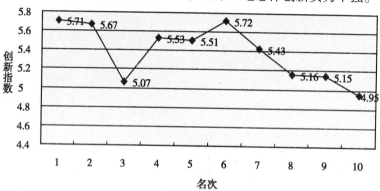

图 3.6　全球竞争力排名前 10 名国家创新指数与名次对比

资料来源：世界经济论坛：《2010—2011 年全球竞争力报告》。

物联网产业的发展终究要靠技术的自主创新。自主创新是产业前行的动力，也是满足市场需求的源泉。物联网系统由通信、计算、控制、感知和数据海五大技术模块组成，简称 C^3SD[①]。上述任何一个系统都将基于以往的技术的基础，但是又要在已有技术上进行大胆的创新。例如，在感知系统中的射频识别技术中，超高频和微波 RFID 技术就是要大力创新的重点。在通信系统中，多个无线接入环境的异构性、通信的可扩展性和互操作性是重点创新环节。还有很多的共性技术的创新，如分布式、动态的全球物联网系统架构技术、异构系统的协同处理技术等。创新增长高新技

---

① 纪志成、王艳：《中国物联网产业技术创新战略研究》，《江海学刊》2011 年第 6 期。

术产品出口额，物联网产业较发达（见图3.7）。

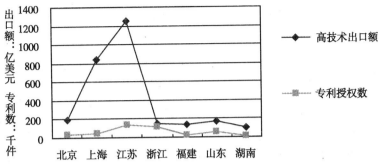

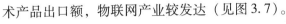

图3.7 2010年部分省市高新技术产品出口额与
国内专利授权数对比

资料来源：由北京、上海、江苏、浙江、福建、山东和湖南统计年鉴2011
及中国统计年鉴2011整理而成。

2. 环境因素之一：政府在形成期的物联网产业竞争力的培育中起着推动与指导作用。以美国为例，虽然美国是市场化程度很高的市场经济国家，但是对物联网这一战略性新兴产业，政府却花大力呵护使其健康成长。2009年，奥巴马签署了总额为7870亿美元的《美国恢复和再投资法案》，指出将在智能电网、卫生医疗信息技术应用和教育信息技术等领域积极推动物联网的应用与发展。中国政府积极资助高校、研究机构开展物联网相关的研究，2011年国家自然科学基金委员会共资助与物联网有关的课题项目46项，总金额达2246万元（见表3.3）。

表3.3　　　2011年国家自然科学基金委资助与物联网有关的课题

单位	项目数（项）	单位	项目数（项）	单位	项目数（项）	单位	项目数（项）
香港中大	1	大连理工	2	青岛科大	1	北京科大	1
北邮	4	南京师大	1	哈工大	2	东北农大	1
华南师大	1	中科院	3	天津大学	1	卫生部北京医院	1
湖南农大	1	南京大学	1	南京理工	1	上海交大	2
中国矿大	1	南邮	3	中国矿大	1	中国计量学院	1
中国地大（武汉）	1	广工	1	深圳大学	2	内蒙科大	1
乐山师院	1	华南农大	1	湘潭大学	1	安徽理工	1
湖南大学	1	东南大学	1	重庆邮大	2	国防科大	1

续表

单位	项目数（项）	单位	项目数（项）	单位	项目数（项）	单位	项目数（项）
安徽工程	1	北师大	1	天津理工	1		

资料来源：国家自然科学基金委员会网站2012。

3. 环境因素之二：产业在空间的集群有利于形成创新的规则和环境，从而对制度进行创新。产业上下游的合作伙伴以及同行业的合作竞争者之间由于空间的集中，相互之间交流密切，很容易吸收先进技术然后加以改进，进行技术创新。高质量的产品和服务的集聚容易形成自有品牌，而走出全球价值链的低端链条，走向品牌创新。在物联网产业的发展中，产业联盟就是物联网产业的集群。但是鉴于目前全国物联网产业联盟数量还比较少，大多数省、市、自治区的物联网产业还是依托当地的高新区发展的现状，本书以高新区代替物联网产业联盟进行分析。全国 31 个省、市、自治区，截至 2012 年 3 月底，除了西藏外，其他省、直辖市、自治区均有国家级高新开发区，总共 88 个。剔除部分不具有代表性的技术创新集中区（北京、上海、江苏、广东、浙江、天津和重庆）以及高新区数量较少和科技欠发达地区（海南、云南、贵州、山西、内蒙古、宁夏和青海），其余 16 个省、自治区的高新区数量与专利授权数量对比如图 3.8 所示。从图中可以看出，高新区数量与专利授权数基本呈现正相关，表明物联网产业集群对创新有促进作用，进而说明集群对产业竞争力的提升有促进作用。

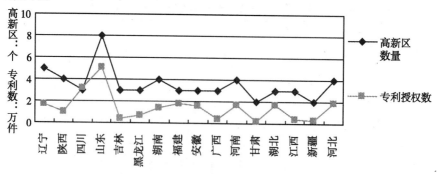

图 3.8　16 省区 2010 年高新区数量与专利授权数量对比

资料来源：高新区数量来自中国科技部网站，专利授权数来自中国统计年鉴 2011。

形成期的物联网产业由于产业链的各个环节还不够强大，集群可以快速促使企业加快学习的步伐，培养创新力，进而形成强大的合力。目前，中国已经在北京、天津、无锡、南京、西安、成都、苏州、常州、郑州和武汉各地相继成立了 10 个物联网产业联盟，增强了我国物联网产业的创新力和竞争力。

4. 过程因素之一：（1）风险管理与立法创新。物联网技术在带动经济增长的同时，也隐含着很多潜在的风险。物联网的出现至少带来政治、经济、文化、社会以及生态领域的风险。对上述领域的风险的及时有效的管理将大大促进物联网产业的发展。例如，由于信息更加透明，物联网将极大地挑战传统的公共领域与私人领域的界限①，隐私的内涵将重新界定，观念的冲突是否成为物联网发展的障碍，取决于对物联网的管理对策。通过制定相关法律法规，保护物联网使用者的隐私权，进而为物联网产业的发展扫清心理障碍。2007 年 8 月，为了提高创新能力和竞争能力，美国参议院通过了《美国竞争法》。为了开发新能源等新兴产业，2009 年 2 月总统奥巴马签署《美国恢复和再投资法案》以保障产业的健康成长。

（2）商业模式创新。物联网商业模式的构成要素分为目标客户、网络结构及应用定位、产业链、收入分配机制和成本管理②。商业模式的核心问题是供应链内部利益的协调机制。目前国内现有的商业模式包括自营模式、通道兼合作模式及广告模式。不管采用哪种模式，关键是多方共赢。只有让产业链各方均能获益才能成功。如很多的云计算软件商（如 OpenStack）则采用"开源软件"（开放软件的源代码供使用者参考、补充和完善）的商业模式，免费提供软件服务而占据大块市场。开源软件让云计算服务提供商和最终用户降低成本的同时，也提供了许多灵活性和可选择性，避免被厂家"锁定（Lock-in）"。许多企业也把开源软件的技术咨询和支持作为商业模式。开源模式既维护了软件使用者的利益，收取相关的技术咨询与支持费，又维护了软件提供者的利益。从这方面来说，未来物联网产业可能会形成政府 BOT 模式、免费模式、自营模式、广告模式等。目前已有的商业模式对于与物联网有关的电子元器件领域的效益表现突出，而对于网络运营商及最下游的物流及零售业领域的效益表现不

---

① 刘永谋、吴林海：《物联网的本质、面临的风险与应对之策》，《中国人民大学学报》2011 年第 4 期。

② 范鹏飞、朱蕊、黄卫东：《我国物联网商业模式的选择与分析》，《通信企业管理》2011 年第 4 期。

明显。产业应该坚持自主创新，使产业链的各方均能受益。

5. 过程因素之二：市场接受与应用

物联网作为不成熟的产业，其商业模式不清晰，因此形成期的物联网产品成本偏高，市场认知度不够，市场应用不足。市场规模是制约竞争力的一个瓶颈。如果市场的规模足够大，则能形成规模效应，降低成本，进而形成更大规模经济的良性互动。物联网不应该是概念的炒作，而必须在实际的生产、生活、公共管理、国防等各方面应用才能体现出价值。根据美国学者波特的观点，产业竞争力是在特定的贸易条件下产业开拓、占据市场并获得更多利润的能力。市场应用的规模很大程度上决定产业竞争力的强弱。战略性新兴产业在产业形成初期的需求基本是技术推动型市场，而我们更应该重视从需求端拉动战略性新兴产业的发展，运用各类手段培育战略性新兴产业市场力[1]。

6. 目标因素

对经济、社会和生态的联动作用。物联网产业虽然属于技术驱动型经济，但是物联网产业的发展是在全球资源紧张、环境污染严重、传统产业面临优化升级、全球经济处于后危机时代背景之下，因此物联网产业对经济、社会和生态的联动作用将最终体现物联网产业的竞争力。物联网产业等战略性新兴产业培育的外部效应包括溢出效应、置换效应和联动效应[2]。物联网产业的发展将有效地解决目前全球经济发展乏力、就业压力增大、恐怖袭击事件等诸方面的问题，增强社会的信息透明度，改善目前我国的食品安全状况，改善环境治理，监测生态环境的变化等。物联网产业对经济、社会和生态的联动作用是产业竞争力的综合体现。

（四）结论及启示

本书探讨了影响形成期物联网产业的竞争力的因素，包括政府、产业技术自主创新、管理自主创新、市场需求、产业集群和对经济、社会和生态的联动作用。其中政府在物联网规划方面发挥着指引作用，而产业技术自主创新是产业竞争力的核心因素，物联网产业对经济、社会和生态的联

---

① 刘铁、王九云：《发达国家战略性新兴产业的经验与启示》，《学术交流》2011 年第 9 期。

② 黎春秋、熊勇清：《传统产业优化升级模式研究：基于战略性新兴产业培育外部效应的分析》，《中国科技论坛》2011 年第 5 期。

动作用是一个综合性的指标，体现发展物联网产业的目的。通过对影响因素的具体分析得出：政府应该加强物联网规划、政策的制定，产业本身应该加强技术自主创新，研究可行的物联网商业模式，立法机构应该加大创新力度，制定能紧跟产业发展的法律法规，同时政府可采用政府采购等形式扶持国内市场，组建产业联盟，最终提高物联网产业对经济、社会和生态的联动作用，提升物联网产业的全球竞争力。

第三节　基于结构方程模型的物联网产业竞争力关键影响因素及之间的关系分析

在我国的物联网产业发展中，培育物联网产业竞争力是重要的课题。如何培育物联网产业竞争力？目前我国物联网产业竞争力主要受哪些因素影响，其中哪些是关键因素？回答上述几个问题对于物联网产业发展非常重要。本书利用结构方程模型验证影响形成期物联网产业竞争力的关键因素，目的在于准确把握这些关键环节，以更好提升物联网产业竞争力，这无论对于学界还是业界都具有重要的意义。

一　相关研究回顾

国内外关于物联网研究的文献大多是倾向于技术。社会科学方面，Muhammad Muazzem Hossain 和 Victor R. Pyrbutok[1] 基于技术接受模型（TAM），对 RFID 技术的接受提出感知方便、感知文化影响、感知隐私、感知法律影响和感知安全 5 个影响因素并进行了实证研究。Rolf H. Weber[2][3] 关注物联网管理组织的责任性、物联网环境下企业的社会责任、立法、安全与隐私的挑战等问题。Zheng Mingxiu、Fu Chunchang、

---

[1]　Muhammad Muazzem Hossain and Victor R. Pyrbutok，"Consumer Acceptance of RFID Technology：A Exportary Study"，IEEE Transactions on Engineering Management，Vol 55，2008.

[2]　Rolf H. Weber，"Accountability in the Internet of Things"，Computer Law &Security Reviw，2011.

[3]　Rolf H. Weber，"Corporate social responsibility as new challenge for the IT industry. Computer"，Law &Security Reviw，2012；"Internet of Things—Need for a new legal environment？"，Computer Law &Security Reviw，2009；" Internet of Things—New security and privacy challenges"，Computer Law &Security Reviw，2010.

Yang Minggen[1]对在第三方物流中的 RFID 的应用系统进行了研究，Luigi Atzori、Antonio lera、Giacomo Morabito[2]对物联网的前景、技术和应用等做了全面的综述，而 Daniele Miorandi 等[3]除了对上述问题进行综述外，还对物联网环境下的研究挑战进行了研究。总的来说，国外的研究较为细微与实用。

国内方面，主要以物联网产业布局、发展模式、技术创新、产业发展潜力评价、协同发展、技术标准、物联网产业链、物联网软件产业链以及宏观经济政策等为内容进行研究。李遵白、吴贵生[4]以技术线路图为分析工具，从市场需求、产业目标、关键技术、政策需求四个维度对物联网产业布局进行了分析。李遵白、吴贵生[5]也对物联网的演进及中国物联网产业竞争力进行了分析并提出相应对策。王斌义[6]基于 A-U 模型，对物联网产业跨越式发展进行了探讨。张云霞[7]通过对物联网产业链、物联网产业目标客户的分析，对物联网产业商业模式进行了探讨。卢涛、周寄中[8]将物联网产业看作一个创新系统，从整体联动的视角分析物联网产业创新系统的多要素的"联系"与"互动"。而针对物联网产业整体发展，吴价宝[9]通过比较国家经验，得到对我国物联网产业发展诸多有益的启示。颜鹰[10]针对物联网标准化发展现状进行分析并提出了相应的对策。而在物联

①　Zheng Mingxiu, Fu Chunchang, Yang Minggen, "The Application used RFID in Third Party Logistics", Physics Procedia, 2012.

②　Luigi Atzori, Antonio lera, "GiacomoMorabito. The Internet of Things: A Suevey", Computer Networks, Vol 54, 2010.

③　Daniele Miorandi, Sabrina Sicari, Francesco De Pellegrini, Imrich Chlamtac, "Internet of Things; Vision, applications and research challenges", Ad Hoc Netorks, Vol 10, 2012.

④　李遵白、吴贵生：《基于技术线路图的物联网产业布局研究》，《企业经济》2011 年第 6 期。

⑤　李遵白、吴贵生：《物联网的演进与中国物联网产业竞争力分析》，《前沿》2011 年第 3 期。

⑥　王斌义：《基于 A-U 模型的物联网产业跨越式发展研究》，《科技进步与对策》2010 年第 12 期。

⑦　张云霞：《物联网商业模式探讨》，《电信科学》2010 年第 4 期。

⑧　卢涛、周寄中：《我国物联网产业的创新系统多要素联动研究》，《中国软科学》2011 年第 3 期。

⑨　吴价宝：《物联网产业发展的国际经验及启示》，《江海学刊》2011 年第 6 期。

⑩　颜鹰：《物联网标准化发展现状及对策研究》，《中国标准化》2011 年第 12 期。

网软件产业链方面，王建平、曹洋、史一哲[1]分析了物联网产业链及核心产业链，提出如何加快我国物联网软件产业链发展的建议和措施。微观层面，高锡荣、梁立芳、陈强[2]对智能家居服务市场进行了问卷调查，以得到的数据对物联网潜在需求的影响因素进行了分析。熊励、武同青、刘文[3]从研究物联网产业市场入手，分析了市场性市场和政策性市场的发展，提出区域物联网产业协同发展的策略。吴亮则以物联网技术服务采纳与个人隐私信息的影响作为博士论文研究内容，得到个人隐私信息是物联网服务采纳的影响因素之一。郑欣[4]以物联网产业的商业模式为博士论文研究内容。

关于物联网产业竞争力研究方面，周晓唯、杨露[5]基于"钻石模型"，从物联网产业的高级生产要素、国内市场需求、相关及支持产业、技术研发能力和发展战略以及制度政策等方面分析了我国物联网产业的发展竞争优势。同时周晓唯、杨露[6]同样基于钻石模型对陕西省物联网产业竞争力进行了实证研究。钟祥喜、肖美华[7]分析了江西省发展物联网产业的条件，提出了江西省发展物联网产业的路径。但是上述作者都是基于"钻石模型"的视角来探讨物联网产业影响因素，考虑到"钻石模型"产生的背景，其对我国整体或某些地区的适应性不高。因此，急需紧贴本土实际的实证研究。针对物联网发展的特殊阶段，钟祥喜、肖美华、刘金香[8]对物联网产业竞争力的影响因素进行了分析，构建了形成期物联网产业竞争力模型（见图 3.9），提出了影响形成期物联网产业竞争力的六个因素。

①　王建平、曹洋、史一哲：《物联网软件产业链研究》，《中国软科学》2011 年第 8 期。

②　高锡荣、梁立芳、陈强：《物联网服务市场潜在需求的影响因素分析》，《华东经济管理》2012 年第 1 期。

③　熊励、武同青、刘文：《区域物联网产业协同发展演化及策略》，《华东经济管理》2012 年第 1 期。

④　郑欣：《物联网商业模式发展模式研究》，博士学位论文，北京邮电大学，2011 年。

⑤　周晓唯、杨露：《基于"钻石模型"的我国物联网产业发展竞争优势研究》，《理论导刊》2011 年第 8 期。

⑥　周晓唯、杨露：《基于"钻石模型"的陕西省物联网产业竞争力的实证研究》，《科学经济社会》2011 年第 3 期。

⑦　钟祥喜、肖美华：《江西物联网产业发展路径探析》，《商业研究》2012 年第 7 期。

⑧　钟祥喜、肖美华、刘金香：《形成期物联网产业竞争力影响因素分析》，《商业研究》2012 年第 10 期。

本书以该模型为分析框架，实证研究形成期物联网产业竞争力的关键影响因素。

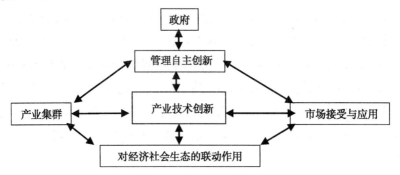

图 3.9   形成期物联网产业竞争力模型

二   物联网产业竞争力关键影响因素的结构方程模型分析

（一）物联网产业竞争力影响因素研究模型

1. 物联网产业竞争力影响因素及假设

（1）政府

政府在形成期的物联网产业竞争力的形成过程中具有别的因素不可替代的作用。其一，政府通过制定本区域产品标准来影响消费者未来的需求状况；其二，政府通过"政府采购"等方式而成为该国或该区域市场的重要客户[①]。政府可以通过行政手段给予物联网企业发展专项资金、科研资助，以及对整个国家或区域的物联网产业发展进行规划引导。政府以政府采购方式促进物联网产品的需求与应用，通过制定法律法规促进物联网产业管理，通过建设基础设施促使物联网企业形成集聚，不但直接促进产业竞争力壮大，还通过中间因素间接提升物联网产业竞争力。因此，本书假设：

H1：政府对物联网产业竞争力具有正向作用。

H2：政府对物联网产业的管理自主创新具有正向作用。

H3：政府对物联网技术产品的市场接受与应用具有正向作用。

H4：政府对物联网产业集群具有正向作用。

---

①   易丽蓉：《基于结构方程模型的区域旅游产业竞争力评价》，《重庆大学学报》（自然科学版）2006 年第 10 期。

（2）管理自主创新

每一项新技术都是一把双刃剑，物联网技术也不例外。物联网技术具有为人们传达实时信息、提高决策和管理效率等诸多作用；但是物联网也会对人们的安全造成威胁与隐私泄露，使用不当甚至会为犯罪分子提供作案便利。因此，需要对物联网技术进行严密管理。通过严密管理，人们的安全和隐私得到更好的保护，物联网技术专利得到保护，更好地鼓励创新。因此，本书假设：

H5：管理自主创新对物联网产业竞争力具有正向作用。

H6：管理自主创新对物联网产业技术创新具有正向作用。

（3）技术自主创新

芮明杰等认为，产业竞争力的本源性变量应该是产业知识吸收与创新能力[1]。物联网技术是基于计算机、传感器、自组织网络等技术发展起来的新技术。技术创新始终是产业发展并保持强劲竞争力的源泉。物联网技术的发明专利代表了技术的强弱。如果技术发明专利采纳为国家或国际标准，表明技术创新的实力更强。同时，创新意识与专利保护意识作为技术创新的软环境，也影响产业竞争力的强弱，因此，本书假设：

H7：产业技术创新对物联网产业竞争力具有正向作用。

（4）产业集群

迈克尔·波特[2]通过对日本工具机产业在国际上称雄、瑞士在刺绣机械行业的竞争优势以及意大利制鞋业较强竞争力的研究，表明相关支持产业对竞争力提升的重要性。物联网企业及相关企业集中于某一区域，共用信息、水电等基础设施，有利于节约生产与交易成本；由于共处同一区域，相关技术信息的扩散也有利于电子、计算机、通信、云计算等相关及支持产业的发展，从而进行更好的技术创新，因此，本书假设：

H8：物联网产业集群对物联网产业的竞争力具有正向作用。

H9：物联网产业集群对物联网产业技术创新具有正向作用。

（5）市场接受与应用

一项技术只有人们先接受才具有生命力，只有符合人们需求且经常应

---

① 芮明杰、富立友、陈晓静：《产业国际竞争力评价理论与方法》，复旦大学出版社 2010年版。

② ［美］迈克尔·波特：《国家竞争优势》，李明轩、邱如美译，华夏出版社 1998年版。

用的技术才是有生命力的技术。因此，人们对技术的接受程度以及应用的宽度和广度都将影响物联网产业的整体竞争力。因此，本书假设：

H10：物联网市场接受与应用对产业竞争力具有正向作用。

（6）联动作用

物联网技术不是一项单一的技术，而是由一系列技术组成的技术群，其对传统各行各业的带动与改造的乘数效应越强，物联网技术对经济的联动作用就越强、越有利于环境保护，其竞争力也越强。因此，本书假设：

H11：物联网技术的联动作用对物联网产业竞争力具有正向作用。

2. 物联网产业竞争力影响因素研究模型

根据形成期物联网产业竞争力模型，政府对物联网产业发展进行全方位规划与引导，是典型的外生变量。而在政府引导下，物联网企业进行技术创新，通过探索商业模式等进行管理创新。同时政府通过各种宣传工具，让物联网技术深入人心，促进物联网技术的接受与应用，在大规模政策性市场与商业性市场的联动下，区域物联网企业以及其上下游企业越来越多，逐渐形成产业集群，对传统产业进行大规模改造，形成对经济和社会生态的拉动作用，最终促进社会向高层次发展。

基于上述对形成期物联网产业竞争力影响因素的分析，在物联网产业竞争力影响因素模型中，政府（ξ_1）作为外生变量影响其他因素，而产业技术自主创新（η_1）、管理自主创新（η_2）、市场需求与应用（η_3）以及产业集群（η_4）、联动作用（η_5）作为受政府影响的因素是模型的内生变量。而作为上述因素作用的结果，物联网产业竞争力（η_6）也是一个内生变量。物联网产业竞争力影响因素研究模型构建如图 3.10 所示。

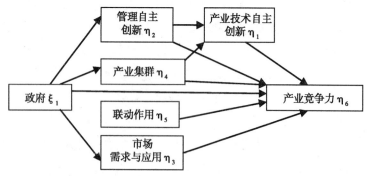

图 3.10　物联网产业竞争力影响因素研究模型

（二）计量分析与假设检验

1. 问卷的设计、前测与正式调查

将结构方程模型（SEM）应用于产业竞争力研究在国内外还是较少。易丽蓉将结构方程模型应用于区域旅游产业竞争力的研究[①]，管伟峰、张可、杨旭将结构方程模型用于城市竞争力评价[②]，王樱桃基于结构方程模型对区域体育产业集群竞争力进行了研究[③]。现有文献没有物联网产业竞争力的量表，因此笔者自行设计。总共包括 7 个潜变量。政府变量包括规划引导、专项资金和科研资助 3 个问项，管理自主创新包括商业模式、法律法规、安全隐私 3 个问项，产业集群包括技术扩散、技术创新、节约成本、支持产业 4 个问项，产业技术创新包括专利、专利保护、技术标准、创新意识 4 个问项，市场接受与应用包括政策性市场和商业性市场 2 个问项，联动作用包括生态、经济、社会 3 个问项。问卷总共 19 个问项。

最终问卷首先由两名博士研究生检验是否存在语法、遣词造句、歧义等问题，笔者根据相关意见修改了问卷。接着把问卷给 20 名在校本科生试测，半月后用相同问卷再次调查同一样本，利用 SPSS16.0 软件对两次调查的全部题项进行相关分析、内部一致性分析，删除相关系数低、内部一致性分析系数低的相关题项，然后由一名博士生导师检阅，最终形成了本书的调查问卷。

本研究采用李克特（Likert）五分量表进行评分，范围从"完全不同意"到"完全同意"，分别赋予 1、2、3、4、5 等分数。调查对象主要是南昌高新区电子、通信等企业的主管人员，以及南昌大学的大四学生、研究生、博士生、老师，网上调查的对象是物联网企业人员，调查时间为 2012 年 9—11 月，调查方式为现场讲解调查、E-mail、邮寄调查。其中现场讲解调查发放 200 份，回收 186 份；80 份 E-mail，回信 25 份；邮寄 30 份，回收 10 份。有效问卷总共 221 份。有关调查的基本情况见表 3.4。

---

① 易丽蓉：《基于结构方程模型的区域旅游产业竞争力评价》，《重庆大学学报》（自然科学版）2006 年第 10 期。

② 管伟峰、张可、杨旭：《基于结构方程的城市竞争力评价》，《经济与管理》2010 年第 11 期。

③ 王樱桃：《基于结构方程模型的区域体育产业集群竞争力研究》，《改革与战略》2011 年第 12 期。

表3.4　　　　　　　　　　　调查样本人口数据统计

性别分布		年龄分布		学历分布		职业分布	
性别	分布	年龄	分布	学历	分布	职业	分布
男	63.8%	≤18	0	专科	0	学生	16.5%
女	36.2%	19—30	35.6%	本科	45.8%	大学教师	13.5%
		31—45	40.6%	硕士	36.8%	公司主管	70.0%
		46—60	11.6%	博士	17.4%		
		≥61	12.2%				

2. 问卷信度与效度分析

信度是指测量结果具有一致性或稳定性的程度。最常用于衡量信度的指标是 Cronbach'α 系数。曹忠鹏、周庭锐、陈淑青[1]认为，组成信度（CR）比内部一致性 Cronbach'α 能更合理地检测测量变量的信度，故本书同时报告 Cronbach'α 和 CR 系数。表3.5 显示问卷及各潜变量 Cronbach'α 值，除了市场接受与应用的 Cronbach'α 稍微小于0.7，问卷总体以及各个潜变量的 Cronbach'α 都大于0.7，同时，组合信度（CR）都大于0.6，表明问卷具有良好信度。

笔者在设计各变量题项时基于国内外相关理论，参考相近领域成熟量表，并且紧扣物联网特点，然后对物联网企业人员进行深度访谈，经过多名博士研究生讨论，最后由该领域专家把关，虽缺乏成熟量表参考，但上述设计程序保证了良好的内容效度。因为是新量表，故首先要用因子分析法将问项浓缩并删除有交叉载荷及因素载荷小于0.5的问项（删除了两个问项），在因素萃取后（经过2次因子分析），共萃取7个公因子。重新整理问项，然后针对保留问项用 Amos 4.0 进行验证性因子分析（CFA），结果见表3.6。学者 Bollen Vergauwen 和 Schnieders 等建议，对收敛效度采用 x^2（df）、GFI、AGFI、RMSEA 等拟合指数来表示。表3.6 是各个变量验证性因子分析拟合度指标值，x^2/df 值介于3.4—7.3，大多在3—5的标准值。GFI、AGFI、RMSEA 等值都在可以接受的范围之内。对于区别效度，根据 Anderson 和 Gerbing 建议，采用计算各变量的相关系数。相关系数矩阵显示（因数据多未列出），各变量的相关系数绝对值介

---

[1]　曹忠鹏、周庭锐、陈淑青：《多忠诚客户与单一忠诚客户差异比较研究》，《管理评论》2010年第1期。

于 0.34—0.59，并且各相关系数的 95% 置信区间都不含有 1.0，表明各个变量是显著不同的概念，区别效度达到要求。同时，各潜变量的标准因子载荷大于 0.5 且达到显著水平，平均方差萃取量（AVE）均超过 0.5。以上说明测量模型具有良好的内容效度、收敛效度和区别效度。

表 3.5　　　　　　　　　　　问卷及各潜变量信度检验值

潜变量	问卷总体	政府	管理创新	技术创新	产业集群	市场需求与应用	联动作用	产业竞争力
α 值	0.868	0.750	0.702	0.720	0.718	0.672	0.723	0.719
CR	0.719	0.612	0.708	0.673	0.648	0.699	0.678	0.678

表 3.6　　　　　　　　　　　各变量验证性因子分析结果

潜变量	衡量项目数	标准因子载荷范围	均方差萃取量（AVE）	x^2（df）	GFI	AGFI	RMSEA
政府	3	0.58 *** —0.70 ***	0.57	110.687（15）	0.891	0.823	0.083
管理自主创新	3	0.60 *** —0.78 ***	0.60	120.812（26）	0.876	0.812	0.067
产业技术创新	3	0.63 *** —0.79 ***	0.65	74.673（13）	0.912	0.891	0.078
产业集群	3	0.57 *** —0.79 ***	0.59	69.923（13）	0.845	0.810	0.086
联动作用	3	0.70 *** —0.86 ***	0.71	65.789（10）	0.856	0.812	0.084
产业竞争力	3	0.65 *** —0.67 ***	0.57	58.563（17）	0.878	0.847	0.079
市场接受与应用	2	0.63 *** —0.76 ***	0.62	86.765（15）	0.823	0.802	0.090

说明：*** 表示显著水平 <0.001，** 表示显著水平 <0.01，* 表示显著水平 <0.05。

3. 模型路径系数及检验结果

本研究使用的结构方程模型测试软件是 Amos 4.0。使用默认的最大似然法（ML）进行参数估计，故必须对各个观测变量所测数据是否符合正态分布进行检验。利用分析软件 SPSS 16.0 对各个观测变量进行检验，结果显示 22 个显变量的 Skewness 系数绝对值介于 0.389—1.361，均小于 3；Kurtosis 系数绝对值介于 0.060—2.498，均小于 10，符合正态分布的假设。表 3.7 是模型的各条路径系数及检验结果。表中数据以及检验结果显示，本模型的部分假设得到了验证，与理论模型具有较大的吻合性。

表 3.7　　　　　　　　　　标准化路径系数及检验结果

路径	标准化路径系数	假设	P 值	假设是否通过
产业竞争力←政府	0.545	H1	0.020 *	是
产业集群←政府	0.575	H4	0.000 ***	是
管理自主创新←政府	0.649	H2	0.002 **	是
市场接受与应用←政府	0.632	H3	0.000 ***	是
产业竞争力←产业集群	0.685	H8	0.041 *	是
技术自主创新←产业集群	0.146	H9	0.023 *	是
产业竞争力←技术自主创新	1.376	H7	0.002 **	是
产业竞争力←管理自主创新	−1.064	H5	0.018 *	是
产业竞争力←市场接受与应用	0.007	H10	0.988	否
技术自主创新←管理自主创新	0.625	H6	0.006 **	是
产业竞争力←联动作用	0.017	H11	0.428	否

说明：*** 表示显著水平 $P < 0.001$，** 表示显著水平 $P < 0.01$，* 表示显著水平 $P < 0.05$。

4. 结构方程模型拟合度分析

在应用结构方程模型进行分析时，理论模型与实际数据是否拟合，用拟合度指标表示。模型整体的拟合检验是通过测量多个拟合值，然后估计整体理论模型与数据样本的拟合程度。Bolen[1] 和 Gefen[2] 等提出了一个好模型的接受标准，表 3.8 是良好模型的标准以及本模型相应数值。表 3.8 的相应数据表明，本模型与样本数据具有良好的拟合度。

表 3.8　　　　　　　　　　模型拟合度数据

拟合度参数	x^2	x^2/df	NFI	CFI	IFI	TLI	GFI	AGFI	RMR	RMSEA
接受标准	无≤2	>0.9	>0.9	>0.9	>0.9	0.9	>0.8	<0.055	<0.08	
本模型值	268.308	1.516	0.817	0.926	0.929	0.903	0.902	0.861	0.067	0.048

5. 模型路径效应分析

模型路径效应包括直接效应和间接效应，一个影响因素对产业竞争力的作用力大小是其直接效应与间接效应的总和。表 3.9 是路径直接效应、

---

① K. Bolen, "Structural Equations with Latent Variables", Wiley, New York, N. Y., 1989.

② D. Gefen. D. W. Stranb, M. C. Boudreau, "Structural Equations Modeling and Regression: guidelines for research practice", Commucations of AIS, Vol. 4, 2000.

间接效应与总效应列表。

表3.9   模型的路径效应数据

路径	直接效应	间接效应	总效应
产业竞争力←政府	0.545	0.078	0.623
产业集群←政府	0.575	0	0.575
管理自主创新←政府	0.649	0	0.649
市场接受与应用←政府	0.632	0	0.632
产业竞争力←产业集群	0.685	0.200	0.865
技术自主创新←产业集群	0.146	0	0.546
产业竞争力←技术自主创新	1.376	0	1.376
产业竞争力←管理自主创新	-1.064	0.860	-0.205
技术自主创新←管理自主创新	0.625	0	0.625

三 物联网产业竞争力的关键影响因素、相互关系和启示

（一）关键影响因素、相互关系分析

1. 上述路径系数表明，影响物联网产业竞争力的因素排列顺序为产业技术创新、产业集群、政府。联动作用、市场接受与应用对产业竞争力的假设没有通过，因此影响物联网产业竞争力的关键因素是产业技术创新、产业集群及政府。

2. 政府不但直接对产业竞争力起着较强的促进作用，还通过促进物联网产业集群、管理创新、市场接受与应用等因素间接对物联网产业起着推动作用。

3. 市场接受与应用变量着眼于物联网技术应用，联动作用是物联网技术对经济社会深层次整合的结果。可能是调查对象对物联网技术不太熟悉，还处于概念的认识与接受阶段，对物联网应用的理解少之又少等原因，造成市场接受与应用、联动作用两变量对产业竞争力的正向作用没有得到验证。从长远来看，市场接受与应用应该是影响产业竞争力的关键因素，目前的数据没有验证其对产业竞争力的影响，恰恰说明了这是物联网技术发展的重点与难点。

4. 产业集群对产业竞争力的直接系数为0.685，间接效应为0.200，总效应0.865，表明物联网产业集群对产业竞争力的提升作用较大。根据赛迪顾问的《中国物联网产业地图白皮书（2011年）》，中国的物联网产业发展已经形成了长江三角洲、珠江三角洲、京津冀和中西部物联网产业集群。物联网产业集群在集聚物联网人才、关键资源要素等方面发挥着重

要的作用，由于地理位置上的接近，物联网产业集群对产业技术创新也发挥着重要的作用。

5. 尽管政府在物联网产业发展初期起着非常重要的作用，但是其作为外生变量本身只影响其他因素，其作用的发挥只是其意志，而不是企业和产业界可以努力的领域。因此，在物联网产业关键因素的选取上，应该考虑更多产业及企业可以努力的领域。特别是目前物联网发展的薄弱环节，如市场接受与应用。

6. 管理自主创新对产业竞争力的系数为 - 0.205，可能的原因：（1）人们认为对于物联网这样一个新生事物，如果管理太严可能会造成过多束缚。但是本问卷原意是对物联网从有利于发展的方向管理，可能是被调查者理解偏差或问卷措辞偏差所致。（2）人们还根本没有意识到物联网的负面影响，认为不需要进行管理。

（二）启示

1. 紧抓产业技术创新，坚持技术创新引领物联网产业发展

物联网技术的高技术性十分明显，只有牢牢把握技术创新，产业才具有较强的竞争力。从法国的创新历史可以得知，法国在 19 世纪上半叶科技的辉煌以及 20 世纪 60—80 年代在航空航天、核能、高铁以及农业和食品加工业的辉煌得益于自主创新，而 20 世纪 90 年代法国在以信息技术为代表的上一轮技术创新浪潮中落后的经验表明，丧失技术创新机会意味着国家发展的被动[①]。因此，要牢牢把握物联网技术创新不动摇。（1）要保证物联网技术创新资金投入。物联网技术创新具有高风险性与资金密集性，私人资本在物联网产业盈利模式清晰之前很少或根本不会进入研发领域，因此，要充分发挥政府在技术创新中的作用。政府参与技术创新是由技术创新本身所具有的特殊性决定的，技术创新一般来说具有外部性、不确定性（高风险性）、稀缺性和收益晚期性等特点[②]。物联网企业技术创新的上述特征愈发明显。其中的基础创新和基础研究，成功概率极低、风险大，政府适当的扶持对企业非常重要，特别是发展初期。同时，外部性使技术创新成果具有公共产品属性，政府应当适当补偿企业在技术创新中

---

① 黄宁燕、孙玉明：《法国创新历史对我国创新型国家创建的启示》，《中国软科学》2009年第3期。

② 贾根良、杨威：《战略性新兴产业与美国的崛起》，《经济理论与经济管理》2012年第1期。

的成本或损失，使研究人员愿意进行物联网技术的潜心研究。要发展和完善风险投资。政府在产业发展初期可以进行大规模投入，但是产业要发展终究要遵循市场规律，靠自身努力解决资金问题，因此，风险投资是必然选择。国家要营造良好的物联网风险投资制度环境，在政策上向物联网风险投资倾斜。（2）要营造良好的创新环境，创新技术创新的组织、走制度创新之路。物联网技术不像以往的单一技术，而是一系列技术组合而成的技术群，需要资金多、人才质量高，走协同创新的物联网产业创新之路是可取的选择。紧紧围绕技术协同创新过程协同与行为协同的模式，构筑多学科的协同创新平台，探索物联网协同创新体制，构建人性化的协同创新机制[1]。（3）把握关键技术和创新重点。准确把握目前及未来物联网发展的关键技术至关重要。物联网系统简称 C^3SD，由计算机、通信、感知、控制、数据海五大技术模块组成。上述任何一个模块都是以以往的技术作为创新的基础，但是大胆创新才是物联网技术的关键。例如，感知层的射频识别技术、超高频和微波 RFID 技术、传输层的多个无线接入环境的异构性、共性技术中的分布式、动态的全球物联网系统架构技术等[2]。

2. 充分发挥政府的作用

上述路径系数表明，政府不但对产业竞争力具有直接促进作用，并且通过调节其他因素间接对竞争力起着较强推动作用。从国外实践也可以证明这一点。森德拉拉简对美国钢铁业的关税保护水平进行了计算，从而得出：1872—1889 年，美国的有效关税水平极高，税率平均值为 89.9%，1890—1913 年，有效关税率在 30%—40% 的低水平，平均值为 16.8%[3]，1872—1889 年是美国钢铁业的成长期，从上述数字可以看出美国政府的保护政策在钢铁业发展初期起着极其重要的作用。因此，政府应该通过制定政策、提供资金、大力建设基础设施等办法扶持物联网产业发展。而目前尽管国内有些地方物联网产业发展趋势良好，但是较多地区还没有制定相关的物联网产业发展规划，全区域缺乏一个"顶层设计"，但物联网技术作为对经济渗透性极强的技术，每个区域只有早一些谋划才好。2009

---

[1]　贾根良、杨威：《战略性新兴产业与美国的崛起》，《经济理论与经济管理》2012 年第 1 期。

[2]　纪志成、王艳：《中国物联网产业技术创新战略研究》，《江海学刊》2011 年第 6 期。

[3]　贾根良、杨威：《战略性新兴产业与美国的崛起》，《经济理论与经济管理》2012 年第 1 期。

年11月3日，温家宝总理在《让科技引领中国可持续发展》中指出："着力突破传感网、物联网关键技术，及早部署后 IP 时代相关技术研发。"不可忽视的是，在物联网产业发展早期，政府可以通过政府采购解决物联网发展的市场问题，从而促进物联网产业发展。

3. 大力发展物联网产业集群

产业集群被证明是一种有效的发展区域经济的方式。从上述的标准化系数可以看出，产业集群对物联网产业的竞争力提升具有相当大的影响。其中产业集群不仅直接影响物联网产业的竞争力，同时通过影响产业技术创新间接地影响物联网产业竞争力。因此，国家和地区适时地促成物联网集群的形成，加快目前北京中关村、上海张江、武汉光谷、深圳等已形成的产业集群的发展，促进高级要素进一步的向上述集群集中，形成具有较强竞争力的产业集群。

4. 要突破物联网技术应用难点

上述分析表明，调查对象对物联网技术应用的了解普遍比较模糊，实际上折射出目前物联网产业发展的重、难点。中国工程院院士陈俊亮指出，物联网的发展要"用"字当头。目前的物联网技术应用大多是行业应用，如智慧安防、智慧电网、智慧交通等，和普通百姓生活息息相关的应用很少，使他们很少有机会感觉到物联网技术的应用，更不用说物联网技术的益处。根据 Davis[1] 提出的技术接受模型（TAM），技术的有用性与易用性感知影响人们使用新技术的态度，进而影响技术使用行为。政府应想方设法营造一个民用民享的物联网技术应用环境，而企业技术开发人员也应该多开发应用于人们生活的相关技术，使人们感觉到物联网技术有用与易用，这样才能够提高物联网技术的应用水平。

本 章 小 结

本章首先根据物联网的技术体系、商业模式、主导设计和市场规模等方面的情况判断物联网产业处于形成期的发展阶段，然后根据竞争力的经典理论归纳出影响产业竞争力的主要因素，结合物联网产业发展的特点和

---

[1]　F. D. Davis, "Perceived usefulness, perceived ease of use, and user acceptance of information technology", MIS Quarterly, Vol. 13, 1989.

特殊时期，归纳出影响形成期物联网产业竞争力的主要因素为：产业技术创新、产业集群、政府、产业管理创新、市场应用和对生态、经济、社会的联动作用。通过调查问卷的方法获取相关数据，应用结构方程模型的方法定量地分析了影响形成期地物联网产业地竞争力的主要因素是技术创新、产业集群、政府。最后提出了相关的政策建议。

第四章 物联网产业技术创新与技术竞争力培育

第一节 基于专利引文分析的物联网核心技术研究

物联网系统由计算、通信、感知、控制等系统以及数据海五大技术模块组成，简称 C^3SD[①]。涉及感知层、传输层和应用层的多学科、多门类的许多传统和新兴的技术。在这种类繁多、学科交叉的技术群中，一定有一些技术是起基础或支撑作用的，而其他技术则是在该技术的基础上发展起来的。物联网产业作为高新技术产业，要对其进行合理产业布局实质上就是技术布局[②]。而在发展物联网产业的过程中，企业如何识别物联网技术群中起基础和支撑作用的核心技术，并且在此基础上进行技术创新是物联网企业进行技术研发的前提，同时也是区域进行物联网产业规划的重要内容之一，因为只有在以核心技术为中心的技术轨道上进行技术创新才符合技术发展的趋势。专利作为保护技术创新的法律文件，其本身蕴含着很多的技术信息。类似于论文引文，专利引文体现着该专利与在先专利或在先科学之间的联系，体现科学技术之间的继承性和累积性。Narin 认为，专利被引用次数可以直接作为确认企业重要专利的指标，如果一项发明被以后的专利引用多次，则表示这项专利在该技术领域是一项比较重要的核心技术。因此，利用专利引文特别是专利的被引用数量来寻找物联网产业的核心技术，是一种较为科学的方法。此外，专利作为技术创新的代表，对物联网技术专利文献进行分析可以发现物联网技术的发展趋势，为相关

---

① 纪志成、王艳：《中国物联网产业技术创新战略研究》，《江海学刊》2011 年第 6 期。

② 施军：《江苏物联网产业技术发展路径实证研究》，硕士学位论文，南京邮电大学，2011 年。

的物联网企业制定技术研发战略，绘制技术线路提供依据。针对目前国内的各省市物联网产业和技术布局重复性浪费严重的现实，物联网企业找准物联网核心技术，可以用较少的资源完成技术布局，避免重复研究造成的资源浪费。因此，寻找物联网技术的核心技术对技术研发布局及产业布局具有重要的意义。特别是像中部地区经济欠发达的省份，用较少的资源高效地布置物联网技术创新，具有较突出的战略意义。

一　相关研究回顾

核心技术，是指在某一技术领域中处于关键地位，对技术发展具有突出贡献、对其他专利或技术具有重大影响且具有重要经济价值的专利[①]。关于核心技术的识别方法，孙涛涛、唐小利、李越[②]提出三种方法，分别是基于专利被引频次的识别方法、基于同族专利大小的识别方法和基于权利要求数量的识别方法，并以乙肝防治技术核心专利的遴选为例进行了实证研究。娄永美[③]基于专利分析，以聚羧酸系减水剂为例进行了实证研究，其中使用的专利分析工具包括专利的被引频次分析以及其他的一些专利分析方法。刘桂锋、王秀红[④]利用专利地图的分析工具，对薄膜太阳能领域专利引证进行了分析。上述文献在做实证分析时，分析对象都是以国外的专利或国外专利数据库中收入的专利为例进行的研究。而中国作为全球第二大经济体，2007—2011 年每年国内企业和个人平均 R&D 经费支出是 5975.98 亿元，申请专利的数量平均每年 353432 件，如此巨大的投入和产出说明中国已经成为专利大国，但是目前很少利用专利引文工具基于国内的专利数据进行研究。杨祖国、李文兰[⑤]基于中国知识产权局的中国专利数据，对中国专利被其他专利引用的情况进行了分析，弥补了上述的空白。但是后继的以中国专利的数据进行分析的研究还是很少。原因可能

---

①　Gaefield E，"The Impact Factor"，Current Contents，1994.

②　孙涛涛、唐小利、李越：《核心专利的识别方法及其实证研究》，《图书情报工作》2012年第 2 期。

③　娄永美：《基于专利分析的技术发展趋势研究》，硕士学位论文，北京工业大学，2011 年。

④　刘桂锋、王秀红：《基于专利地图的薄膜太阳能领域专利引证分析》，《科技管理研究》2012 年第 14 期。

⑤　杨祖国、李文兰：《中国专利引文分析》，《情报科学》2005 年第 5 期。

是与中国的专利数据库不提供引文索引功能有关。专利引证文献分为申请人引用文献和审查员引用文献，王兴旺[1]以审查员引文为研究对象，对两种引文的差别进行了详细的剖析。谢黎、邓勇、张苏闽[2]对论文引用和专利引用进行了对比分析，分别从出版物性质、引用主题、引用目的和引用功能等方面探讨两种引用动机的异同。洪勇、康宇航[3]基于专利引文、企业间的技术溢出进行了研究。但是其分析的数据同样是来自国外的专利数据库，研究的专利权人大多是国外的企业。对于像物联网技术这样的具有战略性及新兴性的技术，其专利的数据选取无论是出于战略还是实际考虑，我国的研究者都应该以我国的专利数据为分析对象，才能够使研究较好地指导我国的实践。本书试以我国的专利数据为基础，以专利的引文频次为工具，对物联网技术的核心技术进行分析。

二　物联网技术的范围界定

在进行物联网核心技术寻找之前，有一个问题必须解决，那就是：什么是物联网技术？物联网技术的范围有多大？这个问题的回答难度较高，原因是物联网是个大而全的前所未有的技术，它脱胎于现有技术却又不同于现有技术，就造成了目前无论是在产业界还是学术界，都难以从整体上给出物联网技术全面的、明晰的技术分类，也难以从整体上给出物联网与非物联网技术的清晰边界。并且目前无论国内还是国外对物联网的定义或概念尚不统一，而物联网的定义是界定物联网技术的前提。因此，如果要试着界定物联网技术的外围（范围），必须明确物联网的定义。

目前，国内外关于物联网的定义主要有：中国国内普遍认可的定义、国际电信联盟（ITU）的定义、美国 IBM "智慧地球" 为代表的定义、EPC 基于 "RFID" 的物联网定义、中国中科院基于传感网的物联网定义、工业与信息化部电信研究院的物联网定义。表 4.1 是各个组织或机构或国家对物联网定义的详细内容。

---

① 王兴旺：《专利审查员引文及引文分析新观察》，《科技情报开发与经济》2011 年第 25 期。

② 谢黎、邓勇、张苏闽：《论文引用与专利引用比较研究》，《情报杂志》2012 年第 4 期。

③ 洪勇、康宇航：《基于专利引文的企业间技术溢出可视化研究》，《科研管理》2012 年第 7 期。

表 4.1 国内外物联网定义

公司或组织或国家	定义内容
中国	物联网是以射频识别、GPS、激光扫描器、红外感应器等信息感知设备为基础，按已约定协议，把所有物品与因特网进行连接，进行实时的信息通信，实现智能化识别、定位、跟踪及管理的网络
国际电信联盟	在物联网时代，通过在日常用品上嵌入短距离的移动收发器，人类将获得一个新的沟通维度，从任何时间地点的人与人之间的沟通到人与物和物与物之间的连接
IBM "智慧地球"	把感应器嵌入和装备到电网、铁路、桥梁等各种物体中，且被普遍连接，形成物联网
EPC 基于 "RFID"	物联网是利用无线数据通信、射频识别等技术，以互联网、计算机为基础，构造世界上所有人和物相互连接的 "Internet of Things"
中科院	无处不在的集成由传感器、通信和数据处理单元的细微节点，以约定的通信和组织方式所构建的网络，是传感网，又叫物联网
工信部电信研究院	物联网（Internet of Things）是互联网与通信网的应用的进一步拓展及伸延，它以感知等技术为基础，以智能化装置为载体，实行对物理世界的感知、识别、计算、处理和数据挖掘，最终实现对世界的实时化监控、精确化管理和科学化决策等目的

上述 6 个有关机构或组织或国家对物联网的定义显示，由于定义物联网时所处的技术环境背景、主要应用重点等的不同，导致各个组织、机构或国家对物联网的定义各不一样。但是还是依稀可以看出大家对物联网的共同的关注点。表 4.2 是按照物联网感知层、传输层、应用层分类的物联网技术范围。

表 4.2 物联网技术范围

物联网层次	技术范围
感知层	射频识别（RFID）、全球定位系统（GPS）感应器、激光扫描器自动识别、二维码、微机电系统（MEMS）
传输层	自组织网络、传感网、物联网
应用层	中间件、云计算

云计算（Cloud Computing）是基于互联网的相关服务的增加、使用和交付模式，通常涉及通过互联网来提供动态易扩展且经常是虚拟化的资源。云计算是物联网应用层必不可少的技术。周洪波在《云计算：技术、应用、标准和商业模式》一书的"前言"中写道：云计算是物联

网运行和大规模运营模式的重要支撑和实现手段①。由于云计算在业界被认为是一种单独的技术形式或服务，所以在确定物联网技术范围时，虽然它是应用层的主要技术，但是在专利搜索时把它作为一种单独的技术而不在物联网专利搜索之内。因此，本书把物联网的技术范围界定为：射频识别（RFID）、全球定位系统（GPS）、感应器、激光扫描器、自动识别、二维码、微机电系统（MEMS）、自组织网络、传感网、物联网、中间件。

三　基于专利引文的物联网核心技术

（一）数据来源

本书的数据主要来自中国知识产权网（www.cnipr.com），利用其中的"高级搜索"，搜索的范围锁定在中国境内的发明专利，在专利选项上选择"中国发明专利""中国台湾专利""香港特区"，采用"关键词"的检索方式，在"名称""摘要"两项填入要搜索的技术名称，照这种方式，分别用上述的技术关键词检索，得到的各种技术的专利文献的数量见表4.3。其中对射频识别（RFID）、全球定位系统（GPS）、微机电系统（MEMS），分别应用中文和英文两种关键词搜索，取其中数量多的专利文献为研究对象。搜索时间为2013年2月13日。

表4.3　　　　　　　　　各种技术的专利文献数量

技术名称	数量（项）	技术名称	数量（项）	技术名称	数量（项）	技术名称	数量（项）
射频识别（RFID）	1911	激光扫描器	16	感应器	907	中间件	251
全球定位系统（GPS）	1361	自组织网络	248	二维码	243	物联网	815
微机电系统（MEMS）	845	自动识别	624	传感网	443		

（二）专利引证文献分析

中国的专利数据库迄今为止没有提供某项专利的被引文献与施引文献的服务，国外的专利数据库如美国专利商标局（USPTO）、欧洲专利局、日本特许厅以及其他的一些专利数据库提供专利的引文查询服务，对于中

---

① 周洪波：《云计算：技术、应用、标准和商业模式》，电子工业出版社2011年版。

国专利，在上述数据库中只能查询到中国向上述国家的专利机构申请专利保护的专利，而对于大多数没有在国外专利布局的中国专利，则没有相关的记录。但不管中国的一项专利是否在国外申请专利保护，一定会在中国的专利机构进行申请，因此从中国知识产权网了解到的中国物联网技术的专利信息是最全面的。同时由于本研究的主题为中国区域的物联网产业，因此了解全国的物联网技术发展现状是最重要的。此外，国外许多大的公司和研究机构都十分注重中国的物联网市场，都把在中国的专利布局看作是最重要的一部分，因此从中国知识产权网了解到的物联网专利信息也包含较多的国外专利，其"查准率"和"查新率"都较高。Narin[1]认为具有开创性的专利（与技术发现相关）被引用次数达到 6 次，远远超过平均被引次数 1 次。因此，本研究把引用 2 次或以上的专利作为重点专利。引证文献次数包括申请人引证专利文献次数和审查员引证专利文献次数，本研究为了研究的全面，所查找的数据包含"申请人引证专利文献"和"审查员引证专利文献"。

1. 射频识别（RFID）重点专利

在中国知识产权网上，以"RFID"为关键词搜索到的专利有 1911 项，而以"射频识别"为关键词搜索到的专利有 1153 项，最后以查询到的 1911 项专利为准。通过查询各个专利文献的引证文献，最后的引用频次见表4.4。

表 4.4　　　　　　　　　射频识别（RFID）领域重点专利

专利号	引用频次（次）	专利号	引用频次（次）	专利号	引用频次（次）	专利号	引用频次（次）
JP1900000000	22	JP1906000000	10	JP1985000000	9	JP1928000000	9
JP0123000498	7	US60/628303	6	JP1922000000	5	JP2000000000	5
JP1938000000	5	JP1995060841	4	JP1902000000	4		
JP1914000000	3	JP1981000000	3	JP1924000000	3	US60/624402	3
CN1702685A	3	US6529408B1	2	US5001542	2	US6104291A	2
US09/678271	2	US10/125786	2	US10/125783	2	US10/131576	2

① Narin F, "Patent bibliometrics", Scientometrics, Vol. 30, 1994.

续表

专利号	引用频次（次）	专利号	引用频次（次）	专利号	引用频次（次）	专利号	引用频次（次）
US2003/0225928A1	2	US60/629571	2	US2005/0194442A1	2	US6542114	2
US6606247	2	US60/517156	2	US2003/0114104A1	2	US10/871305	2
CN1607588A	2	CN1695161A	2	CN1315027A	2	JP0123000488	2
JP1975000000	2	JP1904000000	2	JP1918000000	2	JP11296644A	2
JP1932000000	2	JP1908000000	2	WO2000055916	2		

2. 全球定位系统（GPS）重点专利

在中国知识产权网，以"全球定位系统"为关键词搜索到的专利有299 项，而以"GPS"为关键词搜索到的专利有1361 项，最后以查询到的1361 项专利作为准。通过查询各个专利文献的引证文献，最后的引用频次见表 4.5。

表 4.5　　　　　　　全球定位系统（GPS）重点专利

专利号	引用频次（次）	专利号	引用频次（次）	专利号	引用频次（次）	专利号	引用频次（次）
EP1903306A2	7	US5841396	4	JP8235491A	4	JP1938000000	3
US5663734	3	US5874914	3	CN101111743A	3	CN1635337A	3
CN101206539A	3	CN201004165Y	3	CN1384915A	3	CN1383109A	2
CN1732390A	2	US5818389	2	US5945944	2	US6346911	2
US6150980	2	US2003/0216865A1	2	EP1079463	2	EP1742084A1	2
WO99/56143A1	2	JP1922000000	2	JP2006 - 208392A	2		

3. 感应器重点专利

在中国知识产权网，以"感应器"为关键词搜索到的专利有907 项，通过查询各个专利文献的引证文献，最后的引用频次见表 4.6。

表 4.6　　　　　　　　感应器重点专利

专利号	引用频次（次）	专利号	引用频次（次）	专利号	引用频次（次）	专利号	引用频次（次）
JP1900000000	10	JP1902000000	6	JP0127000146	5	JP1928000000	5

续表

专利号	引用频次（次）	专利号	引用频次（次）	专利号	引用频次（次）	专利号	引用频次（次）
JP2000000000	5	JP1908000000	5	JP1916000000	4	JP 特开 2005－340586A	3
JP1906000000	3	JP1904000000	3	JP2003045712	2	JP1930000000	2
JP2003－318046A	2	US6194987 B1	2	US2005/0077911	2	US2007/0171050A1	2
US6906529B2	2	US10/062064	2	CN093102125	2	WO2004/012213 A1	2
WO2002 US024822	2						

4. 微机电系统（MEMS）重点专利

在中国知识产权网，以"微机电系统"为关键词搜索到的专利有391项，而以"MEMS"为关键词搜索到的专利有845项，最后以查询到的845项专利为准。通过查询各个专利文献的引证文献，最后的引用频次见表4.7。

表4.7　　　　　　　　　微机电系统（MEMS）重点专利

专利号	引用频次（次）	专利号	引用频次（次）	专利号	引用频次（次）	专利号	引用频次（次）
JP1900000000	22	JP2000000000	4	US60/338072	3	US60/613382	3
CN1641522A	3	JP1902000000	3	US10/794737	3	US2007/0071922A1	2
US10/430845	2	US10/425509	2	US09/905769	2	US7741936B1	2
US10/683679	2	US5025346A	2	US60/337529	2	US60/338055	2
US60/338069	2	US60/337527	2	US60/337528	2	US7053737B2	2
US10/395008	2	US60/582405	2	US60/659736	2	CN101414701A	2
CN101359760A	2	CN101262083A	2	CN1609604A	2	CN1793826A	2
JP1904000000	2	JP1908000000	2	JP10－185787A	2	JP1918000000	2
JP1985000000	2						

5. 自组织网络重点专利

在中国知识产权网，以"自组织网络"为关键词搜索到的专利有248

项，通过查询各个专利文献的引证文献，最后的引用频次见表4.8。有关自组织网络的专利文献虽然数量不多，但是几乎每个专利都有引证文献。

表4.8　　　　　　　　　　　自组织网络重点专利

专利号	引用频次（次）	专利号	引用频次（次）	专利号	引用频次（次）	专利号	引用频次（次）
JP1918000000	12	JP1981000000	8	JP1906000000	6	JP1904000000	5
JP1928000000	4	EP1298527A1	4	US5412654	4	US6304556	4
EP1130869A1	3	EP1199860A1	3	EP1107512A1	3	JP1928000000	3
JP1900000000	3	CN1822566A	3	CN101179499A	3	CN1645838A	3
CN101013926A	2	CN101094189A	2	CN1305286A	2	JP1908000000	2
JP2000000000	2	JP1926000000	2	JP1902000000	2	JP1922000000	2
JP1924000000	2	WO2005/029775A2	2	WO2005/025147A1	2	WO02/076028A1	2

6. 传感网重点专利

在中国知识产权网，以"传感网"为关键词搜索到的专利有443项，通过查询各个专利文献的引证文献，最后的引用频次见表4.9。

表4.9　　　　　　　　　　　传感网重点专利

专利号	引用频次（次）	专利号	引用频次（次）	专利号	引用频次（次）	专利号	引用频次（次）
JP1928000000	18	JP1902000000	16	JP1918000000	15	JP1900000000	13
JP1981000000	7	JP1906000000	6	JP1904000000	4	JP1998000000	4
CN101013987A	3	CN101013926A	2	CN101094189A	2	CN1702697A	2
CN101056230A	2	CN101109804A	2	CN1917460A	2	CN101380961A	2
CN1910795A	2	CN101013025A	2	CN1614948A	2	CN1925331A	2
JP1940000000	2	JP1922000000	2	JP1932000000	2	US6212306B1	2
US2007/0076638A1	2	US2003147588A1	2	US2002181516A1	2	US6704512B1	2
US6317539B1	2						

7. 中间件重点专利

在中国知识产权网，以"中间件"为关键词搜索到的专利有251项，通过查询各个专利文献的引证文献，最后的引用频次见表4.10。

表 4.10 中间件重点专利

专利号	引用频次（次）	专利号	引用频次（次）	专利号	引用频次（次）	专利号	引用频次（次）
JP1908000000	8	JP1928000000	7	JP1906000000	7	JP1900000000	7
JP1916000000	3	CN101146175A	3	JP1924000000	2	JP1944000000	2
JP1902000000	2	JP1918000000	2	WO0131885A2	2		

8. 自动识别重点专利

在中国知识产权网，以"自动识别"为关键词搜索到的专利有 624 项，通过查询各个专利文献的引证文献，最后的引用频次见表 4.11。

表 4.11 自动识别技术重点专利

专利号	引用频次（次）	专利号	引用频次（次）	专利号	引用频次（次）	专利号	引用频次（次）
CN1897396A	4	CN201054508Y	4	CN201048290Y	4	JP2006 – 68846A	4
US2004/0056635A1	4	JP 特开平 2 – 6232A	3	CN1395220A	2	CN1578969A	2
CN1753043A	2	CN1743839A	2	CN101227082A	2	US20070240389A1	2
DE102004002483A1	2	DE202006007858U1	2				

9. 二维码重点专利

在中国知识产权网中以"二维码"为关键词总共搜索到 243 项专利，但是引证文献非常少，其中 JP1932000000 引用 7 次，JP1900000000 引用 2 次。

10. 激光扫描器与物联网技术

以"激光扫描器"和"物联网"为关键词搜索专利，分别搜索到 16 项和 815 项专利。对于激光扫描器的专利，由于专利文献数量少，引证文献几乎没有，而对于物联网的专利，数量较多，达到 815 项，但是引用的文献也很少，几乎找不到所引用文献超过 1 次的专利，主要原因可能是物联网技术是近几年发展起来的新技术，主要靠自主创新，以往的可供参考的技术文献不多。此外，许多物联网子技术分布在上述各种技术专利文献当中，单独以物联网命名的技术非常少，使可供参考的文献也很少。

（三）物联网核心专利

通过寻找物联网各子技术的重点专利，最后把所有子技术的重点专利汇总，可以找出物联网技术的核心专利。关于核心专利，目前没有统一的定义。一般对高新技术企业而言，"核心专利就是这样一种专利，该类专利所包含的技术对制造某个领域的产品一定要使用到，即无法通过某种规避方法绕开该专利所对应的技术"[①]。栾春娟[②]在研究世界数字信息传输技术领域的专利时，把引用 16 次以上的前 2000 条专利作为核心专利。针对本研究的现状，本书把引用 10 次及以上的专利定义为核心专利，把核心专利包含的技术定义为该领域的核心技术（见表 4.12）。图 4.1 是专利引证频次排名。

表 4.12　　　　　　　　物联网核心专利（核心技术）

专利号	引用频次（次）	专利号	引用频次（次）	专利号	引用频次（次）	专利号	引用频次（次）
JP1900000000	79	JP1928000000	43	JP1918000000	33	JP1902000000	33
JP1906000000	26	JP1908000000	19	JP1981000000	18	JP2000000000	16
JP1904000000	16	JP1932000000	11	JP1985000000	11	JP1922000000	11

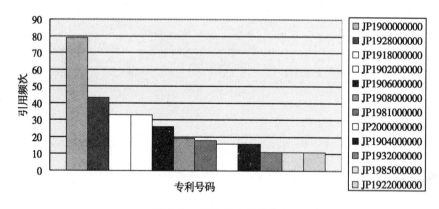

图 4.1　专利引证频次排名

表 4.12 的内容显示，引用频次超过 10 次以上的专利全部是来自日本，显示出日本物联网核心技术各领域的绝对优势。但是再次查看上述引证文献条目可以看到，上述专利 95% 以上都是由专利申请人引用的，而

---

① 霍翠婷：《企业核心专利判定方法研究》，《情报杂志》2012 年第 11 期。

② 栾春娟：《专利文献计量分析以与专利发展模式研究——以数字信息传输技术为例》，博士学位论文，大连理工大学，2008 年。

由专利审查员引用的少之又少。对于发明者而言，他是以自身专业的角度进行的研究、发明创造，受其本身专业所限，其引用的文献基本是本专业的资料①。受专业内发明者高频引用的文献其本身说明该专利文献具有较高的专业影响力。从而更加说明日本的上述专利在物联网技术研发中起着基础的核心作用。由于专利的引用通常在专利公布后2—4年才达到峰值②，因此应用专利引文分析法确定几年前的核心专利或核心技术是比较有效的方法，但是对于最近1—2年兴起的新兴技术，则未必有效。物联网是个大而全的前所未有的技术，它脱胎于半导体技术、计算机技术、现代通信网络技术、纳米技术、生物技术等各种现有高新技术，却又不同于现有技术，最大的区别是物联网使世界物物相连，需要借助于云计算等现代的技术才能实现。但是可以肯定的是，上面列举的现有技术仍然是物联网技术的基础技术，所以可以大略地认为上述专利所代表的技术是物联网技术的核心技术。

（四）核心专利的内容

通过专利引文的方法，找出了被引频次超过10次的专利，但是具体内容目前不清楚。通过本研究相关人员努力，向江西省科技厅、科技情报研究所以及国家图书馆等信息情报部门咨询查询，也没有查询到相关的专利内容。因此，目前可能的情况是：上述专利还处于保护期，如果要得知专利的内容必须向专利权人付相关费用，那显然是一笔高昂的开支，因此，本书找出物联网技术核心专利的代码，有关单位要获取专利内容，可以自行付费获取。

第二节 利用词频分析法得到的物联网关键技术

一 词频分析法简介

词频分析法是利用相关统计工具统计文章的关键词或主题词出现的频次，以词频的多少为标准判定某项研究的核心内容或研究趋势的一种文献

---

① 王兴旺：《专利审查员引文及引文分析新观察》，《科技情报开发与经济》2011年第25期。

② Narin F，"Patent bibliometrics"，Scientometrics，Vol. 30，1994。

计量方法。如果所统计的词出现的次数比较高，则可以认为词语表征的内容是目前该领域的研究热点或主要趋势。由于文章的主题词或关键词是文章的主要内容的浓缩，可以明确表明文章的研究重点或焦点，所以词频分析法广泛运用于揭示某领域的研究趋势或研究重点，如要具体地揭示物联网技术的关键技术，通过统计主要的通信、电子、计算机、软件、半导体、自动化等学术杂志中有关物联网技术的文章里的关键词或主题词的频次，频次高的技术应该是物联网的关键技术。

二　所搜索杂志范围的确定

物联网的体系结构，按照目前较为普遍接受的观点，分为感知层、传输层和应用层。感知层，只要是 RFID、感应器、传感器、二维条码以及激光扫描器等信息获取设备，传输层主要涉及互联网、GPRS、3G、无线传感网等传输网络，而应用层包括各种应用平台，特别是处理海量数据的云计算和云存储、信息安全等技术。物联网技术涵盖电子、通信、半导体、自动化、计算机、软件等多种学科，因此，在杂志选取时应该涵盖到上述的所有技术的学术文献。基于此，本研究选取涵盖上述内容的七种杂志，分别是《电子学报》《计算机学报》《半导体学报》《自动化学报》《软件学报》《计算机科学》以及《中国科学 E 辑》。上述杂志在电子、通信、半导体、自动化、计算机、软件等多种学科是权威杂志，可以很好地表征该领域的研究热点或关键技术。

三　基于词频分析法的关键技术

选用中国知网数据库，利用高级检索功能进行搜索。以"物联网关键技术"或"物联网技术"分别为"主题""关键词"和"篇名"依次进行搜索，在资料来源中分别选中上述的杂志，下载文章后统计文章的关键词或主题词，得到物联网关键技术的统计结果见表 4.13。

表 4.13　　　　　　　　　　**物联网关键技术统计结果**

层次	关键技术（关键词）
感知层	RFID、物品标识技术、EPC、纳米传感器、生化传感器、超声波传感器、微机电系统（MEMS）、智能化传感器节点技术、传感器检测及自组织、嵌入式系统技术、智能信号处理技术、UID 编码体系
传输层	无线传感网技术、中间件技术、IPv6、测试及网络化测控技术、传感网组织结构及底层协议、传感网安全、ZigBee、协议栈、M2M 技术

续表

层次	关键技术（关键词）
应用层	云计算技术、信息安全技术、智能用户卡、分布式数据融合、海量信息智能分析和控制、虚拟化技术、能量管理、拓扑管理、QoS 管理、移动控制、密匙建立和分发机制、数据加密、数据安全协议、数据加密算法、认证技术、设计验证技术、智能交互与协同感知

第三节 物联网产业技术竞争力来源及影响因素研究

物联网作为信息技术发展的第三次浪潮，各国普遍注重技术研究与开发，争取在新一轮竞争中取得主动权。而研发的技术是否为企业带来明显的竞争优势，取决于技术竞争力。采用什么指标体系评价技术竞争力，体现了评价者所持的技术创新理念，对技术本身的评价方式则起着引导技术创新的风向标作用。找准企业技术竞争力的来源因素，再科学、合理细化评价指标，进而评估是一项系统工程。本书旨在准确把握物联网企业技术竞争力来源，建立一套适合物联网技术特点，实现人类、经济、社会和生态和谐相处的技术竞争力评价指标体系，以便于实证评估，准确把握目前的物联网技术创新的方向。

一 相关研究回顾

核心竞争力或企业竞争力，一般认为是指企业在长期的经济活动中形成的，蕴含于企业内质中、并使企业在长时间取得主动的核心能力[1]。学者们普遍认为，在知识经济时代，企业竞争力中最主要是技术竞争力。特别是物联网作为高新技术产业，技术竞争力在构建核心竞争力的过程中起着关键作用。关于技术竞争力的研究，学者们主要围绕技术竞争力的来源以及评价指标等进行理论构建或实证分析。

国内方面，周寄中[2]等提出评估技术竞争力的四项指标，即发明专利、企业 R&D 经费支出、国家及企业 R&D 人员以及企业 R&D 强度。梁

---

[1] C. Kprahald，Hamel：《与竞争者合作然后胜利》，《哈佛商业评论》1989 年第 1 期。

[2] 周寄中、蔡文东、黄宁燕：《提升企业技术竞争力的四项指标》，《科技管理研究》2005 年第 10 期。

莱歆、张永榜①利用 R&D 投入强度、技术资产与无形资产比率以及技术人员比例等指标对我国的高新技术企业技术竞争力进行了实证分析。费冬青、徐飞②对上海民营高科技企业的核心技术竞争力进行了实证研究。徐飞、陈洁、郑菁菁③则对上海民营高科技企业核心技术竞争力的成因进行了研究，接着，徐飞、陈洁、郑菁菁④基于上述研究，对提升上海民营高科技企业技术竞争力的政策激励进行了研究。陈爱娟、赵琳、艾芳⑤针对低渗透油田的技术特性，对我国主要低渗透油田技术竞争力进行了实证评价。李婧、张旭、赵蕴华、张静⑥从专利引文的视角，对技术竞争力进行了分析。曾繁华、龙苗⑦从技术创新竞争力、技术垄断竞争力和技术利用竞争力等方面进行技术竞争力的评价指标体系构建，并进行了测评。李显君、谢南香、徐可⑧对我国自主品牌汽车企业竞争力构建了指标体系并实证进行分析。谢新洲、王世雯、肖雯⑨通过调研，对北京市高新技术企业技术竞争力进行分析。利用因子分析法，蔡芸、汝宜红、杨一铭、崔载

①　梁莱歆、张永榜：《我国高新技术企业技术竞争力实证分析》，《科研管理》2005 年第 1 期。

②　费冬青、徐飞：《上海民营高科技企业核心技术竞争力实证研究》，《科学学研究》2005 年第 2 期。

③　徐飞、陈洁、郑菁菁：《上海民营高科技企业核心技术竞争力成因研究》，《科研管理》2005 年第 3 期。

④　徐飞、陈洁、郑菁菁：《上海民营高科技企业核心技术竞争力的政策激励研究》，《上海管理科学》2005 年第 4 期。

⑤　陈爱娟、赵琳、艾芳：《我国主要低渗透油田技术竞争力评价》，《科技管理研究》2007 年第 7 期。

⑥　李婧、张旭、赵蕴华、张静：《基于专利引文的技术竞争力研究》，《数字图书馆论坛》2008 年第 11 期。

⑦　曾繁华、龙苗：《企业技术竞争力评价指标体系研究：构建、测评与结论》，《统计与信息论坛》2008 年第 8 期。

⑧　李显君、谢南香、徐可：《我国自主品牌汽车企业技术竞争力实证分析》，《中国软科学》2009 年第 5 期。

⑨　谢新洲、王世雯、肖雯：《北京市高新技术企业技术竞争力实证研究》，《图书情报工作》2009 年第 12 期。

先[1]对中韩物流技术竞争力进行了分析。张冬丽、李庆恒、张炳烛[2]基于交叉分析理论，以河北钢铁集团专利竞争力为对象进行了实证研究。从整体上看，国内对技术竞争力的研究大多是定性分析，定量分析相对较少。而在指标体系的构建方面，大多数指标雷同或者在相同指标的基础上做些许延伸。而实证分析还主要是针对发明专利、企业 R&D 经费支出、国家及企业 R&D 人员以及企业 R&D 强度等收集资料，显然和目前的企业技术实际及当前国际国内环境有一定的滞后性。例如，大多指标没有把技术竞争力作为一种比较优势要在竞争的环境中体现出来，没有考虑技术的竞争性和市场性。同时，各种技术具有不同特点，不同技术的竞争力评价体系不应该千篇一律。再则，在构建技术竞争力指标体系时，几乎没有文章呈现出之所以那样构建的理论基础（技术活动的逻辑过程），使指标的选取近乎无源之水。因此，对上述问题都有必要进行弥补。

国外方面，Satoshi Kawachi[3]对日本化学工业的技术竞争力进行了分析，强调了研发对于化学工业技术竞争力的重要性，阐述要赢得竞争必须考虑工艺创新以及比竞争对手更快的速度上市新产品。Jin Zhonying[4]针对发展中国家对发达国家的"追赶"战略，把发达国家与发展中国家的技术差距主要归因于软技术和软环境的差距，建议在技术竞争力的评价中考虑对优势技术的获取、软技术的创新以及软环境的提供上。D. Jolly[5]对技术的评估分为技术吸引力与技术竞争力两大指标门类，分别从市场因子、竞争因子、技术因子和社会政治因子来衡量技术吸引力，从技术资源和补

① 蔡芸、汝宜红、杨一铭、崔载先：《中韩物流技术竞争力因子分析研究》，《北京交通大学学报》（社会科学版）2012 年第 4 期。

② 张冬丽、李庆恒、张炳烛：《企业技术竞争力分析及实证研究》，《科技进步与对策》2011 年第 1 期。

③ Satoshi Kawachi， "Technological competitiveness in the chemical industry"，Computers & Chemical Engineering，Vol. 29，2004.

④ Jin Zhouying，"Globalization，technological competitiveness and the 'catch-up' challenge for deleveoping countries：some lessons of experience"，International Journal of Technology Management and Sustainable Development，Vol. 4，2005.

⑤ D. Jolly， "The issue of weighting in technology portfolio management"，technovation，Vol. 23，2003.

充资源两方面来衡量技术竞争力。之后 D. Jolly[1] 基于以上构建的指标，对中国及欧洲的高新技术企业进行了调查，研究中国与欧洲技术评估的现状，发现中国与欧洲的公司技术官在技术吸引力上的评估大致一致，而技术竞争力的评估却相差很大，折射出中国与欧洲技术相差较大的现实。后来 D. Jolly[2] 基于技术吸引力和技术竞争力两大类指标设计问卷并在法国和英国进行实证分析，基于 463 份问卷的数据进行因子分析，基于每一个因子分别设计成一个问题代替实际的 2 * 16 项评估指标来衡量技术现状，以减轻公司技术官们对技术评估的工作负荷。Yuichio Uchida、Paul Cook[3] 分析了本土竞争对技术竞争力和贸易竞争力的影响，而 Andrés Barge-Gil · Aurelia Modrego[4] 对研发机构对公司技术竞争力的影响进行了研究，同时对该种影响的评估和决定因素进行了统计分析。整体上看，国外研究从评价指标体系的构建上，把竞争和市场因素比较详细地分成评价指标，评价范围不局限于专利、研发经费、研发人员等，还从更广阔的视角如市场、竞争、技术接受度、环境保护、人类健康等方面进行评估，体现出较为微观的西方式思辨。但同样存在构建指标体系时缺乏理论基础的缺陷。

综上所述，国内外对技术竞争力的研究较为深入和具体，但由于研究技术竞争力的时间还不长，研究缺陷也显而易见。本书将基于以往的研究成果，从更广阔的视角来探索物联网企业技术竞争力的来源，构建物联网技术竞争力的评价指标体系，最后是利用灰色关联法进行评价。

二　推拉模型、获取改造模型及人类技术共生模型

技术竞争力的源头是创新。创新输入、过程因素都将直接影响创新输出。创新原动力系统、创新过程系统、创新输出系统都会影响技术生产与应用，进而影响技术竞争力。因此，充分认识并量化那些创新子系统，并

①　D. Jolly, "Chinese vs. European vies regarding technology assessment: Convergent or divergent?", technovation, Vol. 28, 2008.

②　D. Jolly, "Development of a two-dimensional scale for evaluating technologies in high-tech companies: An empirical examination", Journal of Engineering and Technology Management, Vol. 29, 2012.

③　Yuichio Uchida, Paul Cook, "The effects of competition on technological and trade competitiveness", The Quarterly Review of Economics and Finance, Vol. 45, 2005.

④　Andrés Barge-Gil · Aurelia Modrego, "The impact of research and technology organizations on firm competitiveness. Measurement and determinants", J Technol Transf, Vol. 36, 2011.

在技术竞争力的评价指标设计中充分考虑技术来源子系统，充分评估那些影响创新子系统的因素，这样才能设计出科学、合理的评价指标。创新模型可以分为"推拉模型"和"获取改造模型"。根据不同创新模型，技术竞争力的来源因素也是不同。

（一）"推拉模型"和"获取改造模型"

Zmud RW[1]认为，发达国家的技术创新根本不同于发展中国家。发达国家的技术创新过程可以通过"推拉模型"来描述（见图4.2）。在"技术推动模型"中，基础科学研究产生创新，发明的成功应用产生新技术的商业化应用，进而推出新产品和开拓新市场。在"市场拉动模型"中，市场需求刺激技术开发，进而导致大规模的产品生产。而发展中国家的技术创新过程可以用"获取改造模型"描述（见图4.3）。发展中国家的创新方式是渐渐的、基于已有技术的改造创新。渐渐改造式创新的实质因素是对已存新知识的认识，互补资产的获得，发达技术、市场的获得以及对创新费用的支付能力[2]。发展中国家的创新也包括加速的技术扩散[3]。吸收能力被认为是关键因素。

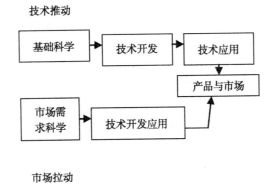

图4.2 推拉模型

① Zmud RW, "An examination of 'push-pull' theory applied to process innovation in knowledge work", Manage Sci, Vol. 30, 1984.

② Carayannis EG, "Firm evolution dynamics: towards sustainable entrepreneurship and robust competitiveness in the economy and society", International Journal of Innovation and Regional Development, Vol. 1, 2009.

③ Hu MC, Mathews JA, "National innovative capacity in East Asia", Res Policy, Vol. 34, 2005.

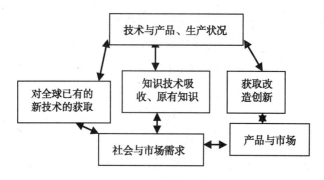

图4.3　获取改造模型

从上述"推拉模型"中可知，基础科学通过技术开发影响技术应用，最终影响新产品与新市场开发。如果企业本身不投入基础科学和应用科学的研究与开发，主要技术来源于外在科研机构，则与"科学共同体"或科研机构的关系强弱也会影响技术开发，进而影响技术竞争力。而在市场方面，技术所拓展的市场容量、市场应用宽广度等也会影响新产品的开发应用。因此，在设计评价技术竞争力的指标体系时，应充分体现科学技术本身的子系统因素，也要考虑市场方面的子系统因素。"获取改造模型"显示，影响技术创新的因素虽然包括现有技术状况、社会与市场需求状况，但是更多的是发展中国家对发达国家已有知识的获取，而后在其基础上吸收再创新，显然，与原始创新是有很大差别的。

（二）"人类技术共生模型"

技术越来越趋向于内置化、缩微化、自动化，不可视化，不管我们使用那些技术与否，它们对我们的生活已经产生深远影响①。因此，人类与技术的关系则显得尤为重要：是通过人类的智慧使技术适应人类的生活和习惯，还是人类适应技术的特性和发展？是相互排斥还是和谐相处？

最早把计算机看作是人类创造的"共生物"的是 Licklider②，他设想人类与计算机相互依赖的时代已经到来，人类与计算机之间的互动已经变得越来越紧密联系，在这种联系中，用户将可以像与自己的同类一样对话。共生学不仅用来描述人类与自然之间的关系，也用来描述人类与他们所制造的智能物之间的关系。

---

① Éric Branger and Sonia Hammes-Adelé，"Ergonomics and Health Aspects"，HCII，2011.

② Licklider，J. C. R，"Man-Computer Symbiosis"，TRE Transaction on Human Facters in Electronics，Vol. 4，1960.

物联网技术作为一种具有应用广域的技术，对人类生活的影响是深远的。物联网将改变人们的生活、生产方式、社会心理与思维方式。电子监控是物联网的重要应用。物联网在电子监控方面的能力是一把双刃剑，在重要的社会价值背后存在着相当多的风险①。如何在物联网技术的"塑造"阶段避免其对人类带来的不良影响，而与人类共生，将是物联网发展过程中的重要议题。有些技术虽然体现出人类的高超智慧，但是却可能给人类带来危险或毁灭性的灾难，前者如转基因技术，后者如核技术，在评价那些技术时显然应该把它们与人类的关系、是否为人类带来福利考虑进去。从长远看，只有与人类友好的技术才具有强的竞争力，所以在评价物联网技术竞争力时以人类技术共生理论为出发点，细化评估指标体系，引导物联网技术发展的方向，可以使物联网技术更好地服务于经济、社会与生态。这是技术创新者的初衷也是目的。

"人类技术共生模型"包括六个基本变量（见图4.4）。分别是人类技术共生三维度（对技术的控制感、与人类技术相互适应的益处以及实用感知三个维度），使用的行为意向以及实际系统的使用。人类技术共生三维度体现人类与技术的共生关系，体现人类与技术的和谐共处的技术发展观。

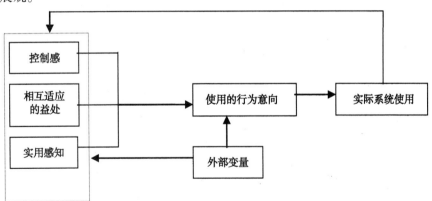

图4.4　人类—技术共生基本模型

---

① 刘永谋、吴林海：《极权与民主：物联网的偏好与风险——以圆形监狱为视角》，《自然辩证法研究》2012 年第 5 期。

三　中国物联网技术创新模式："推拉模型"+"人类技术共生模型"

根据中国科技现状，其技术创新大体遵循"获取改造模型"，即主要从发达国家引进技术，然后吸收，进行二次创新。但是物联网技术的地位和以往的完全不同，物联网作为新一轮经济竞争的引擎，是不可能完全通过进口、吸收然后进行二次创新的。《中国物联网"十二五"发展规划》的"指导思想"中明确提出"加强自主创新，注重应用牵引"的思路。物联网技术的研发应该主要通过本国自主创新才能取得主动权。因此，我国的物联网技术创新应遵循"推拉模型"，技术创新过程应该更多地考虑科学技术推力与市场拉力。因此，在设计物联网技术评价体系时应充分考察科学与技术推力和市场需求拉力的影响。"推拉模型"应该是中国物联网技术创新的道路选择，尽管某些方面的技术也需要通过进口。根据"推拉模型"，技术竞争力的指标应该体现技术的基础科学性、应用性、市场性，技术产品和市场容量和应用范围等。

另外，物联网技术是在全球经济发展乏力、环境恶化、生态观念增强以及寻求人类与地球和谐相处的背景下产生的，物联网肩负着发展全球经济、改善环境、保护生态的重任，目的是人类与地球、技术和谐共生。"技术人性化"与"人类技术适应性"是人类技术共生学的两大方面。所谓"技术人性化"是指技术的设计、技术创新行为方式、技术创新思维方式越来越关怀人类的需求，为人类服务。而"人类适应性"是指人类在无所不在的各种技术的包围环境中，已经越来越适应各种技术，各种技术的应用是他们生活中的一部分，成为相互依赖的整体。因此，人类在物联网技术创新时应该更多地考虑人类与技术共生的方面，也就是"人类技术共生模型"应该指导人类的物联网技术创新，在设计评价物联网技术竞争力的指标时应该体现物联网"技术人性化"与"人类技术适应性"，这样才能更充分地衡量物联网技术竞争力，从而指导技术研发。

四　物联网技术竞争力来源因素

基于已有文献的研究成果，综合考虑"推拉模型"创新过程的影响或来源因素和"人类技术共生模型"的技术发展理念，着重从市场潜力因素、竞争态势因素、科学技术因素、社会政治因素、人类控制因素、人类技术相互适应因素六大因素构建物联网技术竞争力来源因素。市场潜力因素包括物联网技术的市场容量、市场应用广度、物联网技术与企业核心业务的密切度、技术研发与市场的关系密切程度；竞争态势因素包括竞争者的数量、竞争强度、技术对竞争优势的影响、技术仿制的壁垒、主导设计、应付竞争的速度等；科学技术因素包括科技资产的来源战略、本领域的技术积累、注册专利、实验室和设备资产、团队基础研究能力、团队应用研究能力、团队开发能力、企业技术扩散、与科学共同体的关系、替代技术的威胁、技术在其生命周期的定位、技术改善的潜力等；社会政治因素包括社会的技术接受程度、政府的财政支持；人类控制因素包括使用技术的舒适感、使用技术的简单感、对技术改变的应付能力等；人类技术相互适应因素包括技术满足人类的期望度、人类适应技术的益处。

五　物联网技术竞争力指标体系构建

根据物联网技术竞争力来源因素模型（见图4.5），评价企业的物联网技术竞争力从市场潜力、竞争态势、科学技术、社会政治、人类控制以及人类技术相互适应6个维度进行，但是考虑到目前物联网产业技术方面的数据资料很少、官方数据几乎为零的现状，以及很多指标暂时无法量化，故从市场潜力、科学技术、社会政治和人类控制4个维度进行评估。因此，本书假设：

假设1：各个物联网企业的竞争态势是一样的。各个物联网企业所面对的竞争者数量、竞争强度以及应付竞争的速度都相同。我国的市场经济建设已经走过了很多年，统一的市场已经形成，因此，可以认为各个物联网企业所面对的竞争态势是一样的，尽管有些企业早已"走出去"，面对的是国际竞争环境，但是目前这类企业数量不多。

假设2：各个企业所研发的技术都具有良好的人类技术相互适应的能力。尽管不同类型的技术可能由于技术复杂程度不同，人们适应技术速度以及技术给人们带来的益处各有不同，但是技术总体上来说具有提供人们生活便利、提高管理效率、增强信息透明度等好处。

基于上述的两个假设，本书构建物联网技术竞争力指标体系如图4.6所示。

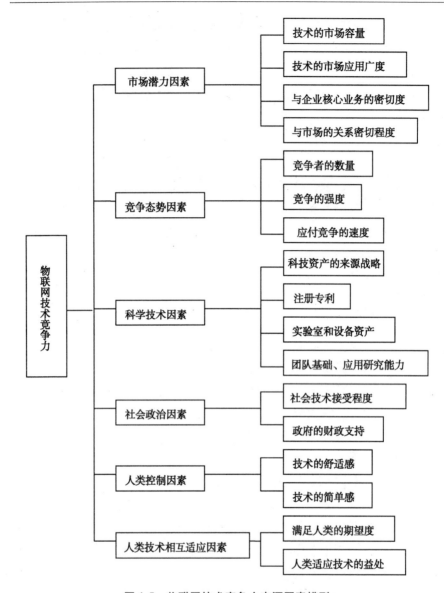

图 4.5　物联网技术竞争力来源因素模型

六　基于灰色关联分析法的物联网技术竞争力影响因素分析

（一）灰色关联评价法分析步骤①

1. 分别确定比较数列和参考数列

---

① 杜栋、庞中华、吴炎：《现代综合评价方法与案例精选》，清华大学出版社 2008 年版。

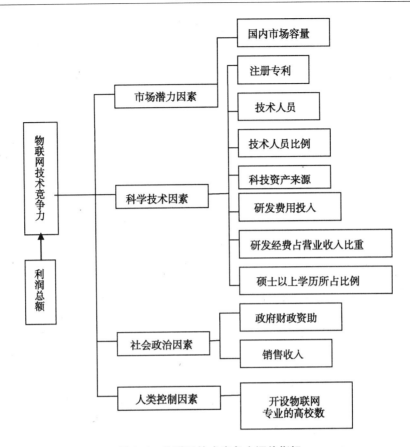

图4.6　物联网技术竞争力评价指标

设评价对象为m个，评价指标为n个，比较数列为：

$$X_i = \{X_i(k) \mid k=1, 2, 3, \cdots, n\} \quad i=1, 2, 3\cdots, m$$

参考数列为：

$$X_0 = \{X_0(k) \mid k=1, 2, 3, \cdots, n\}$$

2. 确定指标权重

在确定指标权重时，可以使用各种主客观权重确定方法，如层次分析法等。

$$W = \{W_k \mid k=1, 2, 3, \cdots, n\}$$

其中 W_k 为第k个评价指标对应的权重。

3. 计算灰色关联系数

计算灰色关联系数的公式是：

$$\xi_i(k) = \frac{\min\limits_{i}\min\limits_{k} |X_0(k)-X_i(k)| + \xi\max\limits_{i}\max\limits_{k} |X_0(k)-X_i(k)|}{|X_0(k)-X_i(k)| + \xi\max\limits_{i}\max\limits_{k} |X_0(k)-X_i(k)|}$$

X_i（k）是比较数列 X_i 与参考数列 X_0 在第 k 个评价指标上的相对差值。

4. 计算灰色关联度

公式为：

$$r_i = \frac{1}{n} \sum_{k=1}^{n} W_k \xi_i (k)$$

nk = 1

5. 评价分析

这里必须指出的是，本书采用灰色关联法主要是用来找出影响物联网技术竞争力的主要因素，因此不必计算各个指标的权重。

（二）研究样本

本书的目的是对东、中西部物联网企业技术竞争力的影响因素进行研究，所以选取的样本主要的分布于东南沿海以及中西部地区的物联网企业。由于目前物联网产业严重缺乏官方的统计数字，要获得官方有关物联网产业及企业的数据几乎不可能，可以获得的仅有少数的物联网上市公司的数据，所以本书选取 15 家物联网上市公司的数据，其中东南沿海 8 家，中西部 7 家，如表 4.14 所示。其中按照注册地分类，北京 2 家，上海 1 家，江苏 1 家，福建 1 家，山东 2 家，深圳 1 家，分布东部 6 省市。云南 1 家，四川 2 家，河南 1 家，湖北 2 家，江西 1 家，分布在中西部 5 省，这在 59 家物联网上市公司中具有一定的代表性，因为这 15 家上市公司既不是盈利、科研最好也非较差的公司。既有传统大企业，也有新兴小企业。从技术方面看，既有感知层的传感器企业，有网络层的通信企业，也有应用层的应用平台企业，还有从事软件开发的企业，覆盖物联网的各个层次的技术，具有广泛的技术领域代表性。

表 4.14　　　　　　　　　　样本企业列表

企业名	技术领域	企业名	技术领域	企业名	技术领域
远望谷	应用开发	同方股份	综合平台	卫士通	软件
上海贝岭	感应器 RFID	大唐电信	通信	汉威电子	感应器
歌尔声学	传感器	东方电子	RFID	华工科技	综合产品
福建新大陆	应用开发	南天信息	金融物联网	武汉凡谷	软件、感应器
综艺股份	综合产品	鹏博士	软件、应用	泰豪科技	智能建筑

（三）数据来源

本书的数据主要来自2009年、2010年、2011年三年上述15家上市公司的年报。部分市场容量的数据来自赛迪顾问的《2011年中国物联网产业发展研究年度报告》，开设"物联网工程"或"传感网技术"或"智能电网信息工程"专业的高校数来自百度文库，专利数量部分来自桑芝芳的文章《物联网概念类上市公司中国专利申请统计与分析》。评价中相关指标的说明见表4.15。

表4.15　　　　　　　　　　　　　评价指标说明

国内市场容量：数据来自赛迪顾问报告	科技资产来源：物联网企业采用自主研发值为2，否则为1
研发比重：指研发经费占营业收入比重	硕士生比重：指硕士以上学历所占比例
社会接受度：指企业该年的销售收入	简单感：指开设物联网专业的高校数

（四）基于灰色关联法的物联网技术竞争力影响因素分析

1. 2009年原始数据。经过查找、分析与整理，得到的有关物联网企业的数据见表4.16、表4.17。

表4.16　　　　　　　　　东部8家物联网企业2009年数据

企业	利润总额	国内市场容量	注册专利	技术人员	技术员比例	科技资产来源
远望谷	67304983.28	1933	21	174	40.94%	2
上海贝岭	223211050.00	1933	41	245	35.25%	2
歌尔声学	124329327.58	1933	102	921	23.16%	2
新大陆	114659150.12	1933	14	1456	73.42%	2
综艺股份	516468506.28	1933	0	104	9.17%	2
同方股份	563192585.89	1933	177	788	36.50%	2
大唐电信	136896964.18	1933	0	990	31.62%	2
东方电子	39625841.32	1933	40	1077	63.27%	2
企业	研发费用投入	研发经费比重	硕士生比重	政府财政资助	社会接受度	简单感
远望谷	22134819.83	9.32%	12.70%	7710770.00	224215310.26	36
上海贝岭	45983355.11	8.97%	12.37%	3724987.80	456240132.46	36
歌尔声学	65166100.00	5.90%	2.97%	11786000.00	991105615.18	36
新大陆	62013660.00	4.71%	3.78%	10947935.88	1181739930.79	36

续表

企业	利润总额	国内市场容量	注册专利	技术人员	技术员比例	科技资产来源
综艺股份	18321141.48	3.54%	14.42%	5434882.40	573974934.81	36
同方股份	153183399.30	1.00%	14.42%	131551373.08	15211051735.41	36
大唐电信	126122195.55	3.92%	40.30%	86009397.92	3536992348.13	36
东方电子	3184611.13	0.33%	14.42%	23215395.79	100975923757	36

说明：（1）由于有些上市公司的年报没有记载或缺乏相关的上述数据，为了计算方便，本文做了处理，就是凡是没有记载或不确定的数据用已有同类数据的平均数代替。以下的数据采用同样方法处理。（2）科技资产来源是指自主研发还是进口，1代表进口，2代表自主研发。（3）由于有些公司的研发费用投入数据缺失，采用的是当年的开发支出增加额。（4）上海贝岭的利润总额为－187133164.70元，为了计算方便，下面的计算以该年其他公司的平均值代替。

表4.17　　　　　　　　中西部7家物联网企业2009年数据

企业	利润总额	国内市场容量	注册专利	技术人员	技术员比例	科技资产来源
南天信息	97715623.23	1933	0	1149	49.3%	2
鹏博士	240544040.71	1933	0	561	29.96%	2
卫士通	47309452.47	1933	9	361	52.47%	2
汉威电子	46642656.23	1933	25	133	32.60%	2
华工科技	199597111.76	1933	0	953	21.77%	2
武汉凡谷	399380348.78	1933	23		42610.6%	2
泰豪科技	126528334.75	1933	0	342	13.01%	2

企业	研发费用投入	研发经费比重	硕士生比重	政府财政资助	社会接受度	简单感
南天信息	8421242.48	0.46%	3%	10374389.71	1798959810.97	36
鹏博士	0	0	6.10%	11059942	1439074669.75	36
卫士通	46454985.00	17.25%	13.95%	7671228.27	303925090.27	36
汉威电子	10678900.00	8.41%	2.21%	9549218.68	137009844.50	36
华工科技	38525519.98	26.33%	13.41%	15364993.01	1373059234.10	36
武汉凡谷	102277700.00	7.56%	0.8%	10537434.00	1841826779.00	36
泰豪科技	14337866.81	0.60%	3.20%	12862394.29	2185459619.02	36

根据灰色关联法的评价步骤，得到最终的2009年东、中西部技术竞争力评价因素关联系数表（见表4.18、表4.19）。

表 4.18　2009 年东部 8 企业利润总额与各影响因素的关联系数

企业	国内市场容量	注册专利	技术人员	技术人员比例	科技资产来源
远望谷	1	1	1	1	1
上海贝岭	0.885	0.928	0.903	0.879	0.885
歌尔声学	0.954	0.855	0.838	0.932	0.954
新大陆	0.962	0.945	0.728	0.994	0.962
综艺股份	0.727	0.699	0.716	0.705	0.727
同方股份	0.707	0.996	0.822	0.704	0.707
大唐电信	0.945	0.897	0.829	0.933	0.945
东方电子	0.977	0.931	0.761	0.949	0.977

企业	研发费用投入	研发经费比重	硕士生比例	政府财政资助	社会接受度	简单感
远望谷	1	1	1	1	1	1
上海贝岭	0.935	0.833	0.883	0.862	0.932	0.885
歌尔声学	0.942	0.936	0.912	0.982	0.873	0.954
新大陆	0.942	0.935	0.945	0.984	0.833	0.962
综艺股份	0.722	0.710	0.731	0.803	0.777	0.727
同方股份	0.924	0.685	0.711	0.806	0.230	0.707
大唐电信	0.829	0.917	0.939	0.661	0.564	0.945
东方电子	0.975	0.969	0.968	0.880	0.820	0.977

表 4.19　2009 年中西部 7 企业年利润总额与各影响因素的关联系数

企业	国内市场容量	注册专利	技术人员	技术人员比例	科技资产来源
卫士通	1	1	1	1	1
鹏博士	0.381	0.330	0.416	0.357	0.381
南天信息	0.702	0.549	0.692	0.690	0.702
汉威电子	0.999	0.585	0.798	0.868	0.999
华工科技	0.438	0.373	0.614	0.398	0.438
武汉凡谷	0.252	0.299	0.257	0.233	0.252
泰豪科技	0.600	0.484	0.592	0.508	0.600

续表

企业	研发费用投入	研发经费比重	硕士生比例	政府财政资助	社会接受度	简单感
卫士通	1	1	1	1	1	1
鹏博士	0.330	0.330	0.351	0.408	0.877	0.381
南天信息	0.571	0.552	0.576	0.779	0.394	0.702
汉威电子	0.765	0.830	0.748	0.918	0.820	0.999
华工科技	0.425	0.483	0.435	0.531	0.893	0.438
武汉凡谷	0.287	0.239	0.230	0.262	0.513	0.252
泰豪科技	0.515	0.487	0.507	0.715	0.357	0.600

　　根据灰色关联法的评价步骤，得到最终的 2009 年东、中西部技术竞争力评价因素关联度表。

表 4.20　　　　2009 年东、中西部技术竞争力评价因素关联度表

.企业	国内市场容量	注册专利	技术人员	技术员比例	科技资产来源
2009 年东部	0.894	0.906	0.824	0.887	0.894
中西部	0.624	0.517	0.630	0.579	0.624

企业	研发费用投入	研发经费比重	硕士生比重	政府财政资助	社会接受度	简单感
2009 年东部	0.908	0.873	0.886	0.872	0.753	0.894
中西部	0.556	0.560	0.549	0.659	0.693	0.624

　　2. 2010 年原始数据。经过查找、分析与整理，得到的有关物联网企业的数据见表 4.21、表 4.22。

表 4.21　　　　　　东部 8 家物联网企业 2010 年数据

企业	利润总额	国内市场容量	注册专利	技术人员	技术员比例	科技资产来源
远望谷	112217699.02	3528	35	211	41.53%	2
上海贝岭	23434200.89	3528	43	249	34.53%	2
歌尔声学	360112408.86	3528	159	1517	24.37%	2
新大陆	97320585.55	3528	68	1566	72.17%	2
综艺股份	525103977.77	3528	0	158	10.025%	2
同方股份	718015109.14	3528	169	158	33.80%	2

续表

企业	利润总额	国内市场容量	注册专利	技术人员	技术员比例	科技资产来源
大唐电信	183752369.54	3528	2	1003	30.700%	2
东方电子	40288826.4	3528	16	1147	62.269%	2

企业	研发费用投入	研发经费比重	硕士生比重	政府财政资助	社会接受度	简单感
远望谷	31112005.51	10.54%	9.84%	6428724.53	318614600.70	64
上海贝岭	50278192.41	8.549%	12.76%	5528351.36	511146334.92	64
歌尔声学	121540500.00	4.71%	5.96%	17203800.00	2388867012.88	64
新大陆	5236979.70	0.641%	2.68%	20614775.91	1033270376.43	64
综艺股份	24318157.20	2.669%	14.244%	55649065.97	825972729.66	64
同方股份	293438388.44	1.607%	14.244%	95221672.16	18974813518.14	64
大唐电信	118214422.15	0.293%	39.98%	77797917.39	4221482510.45	64
东方电子	-1599441.31	4.144%	14.244%	27843647.05	1103183800.59	64

表 4.22　　　　　　　**中西部 7 家物联网企业 2010 年数据**

企业	利润总额	国内市场容量	注册专利	技术人员	技术员比例	科技资产来源
南天信息	77682053.90	3528	10	401	55.0%	2
鹏博士	211117793.80	3528	0	444	20.20%	2
卫士通	99322068.20	3528	0	1575	54%	2
汉威电子	50650784.91	3528	24	159	28.39%	2
华工科技	342449764.74	3528	0	981	21.43%	2
武汉凡谷	255920652.43	3528	31	500	12.8%	2
泰豪科技	126528334.75	3528	0	467	18.02%	2

企业	研发费用投入	研发经费比重	硕士生比重	政府财政资助	社会接受度	简单感
南天信息	46935975.97	12.41%	14.95%	4854919.51	461547806.89	64
鹏博士	0	0	6.64%	591600.00	1790412483.73	64
卫士通	9825922.69	0.44%	3.3%	12674144.65	2257768317.73	64
汉威电子	13436500.00	7.72%	2.68%	11407711.15	161220732.60	64
华工科技	43800837.39	2.16%	13.96%	18487998.28	1656973863.07	64
武汉凡谷	59578200.00	60.19%	0.8%	8609654.00	917235807.53	64
泰豪科技	30051180.71	1.01%	4.16%	18343018.00	3144918524.80	64

　　根据灰色关联法的评价步骤，得到最终的 2010 年东、中西部技术竞争力评价因素关联系数表（见表 4.23、表 4.24）。

表 4.23　东部 8 家物联网企业 2010 年利润总额与影响因素关联系数表

企业	国内市场容量	注册专利	技术人员	技术人员比例	科技资产来源
远望谷	1	1	1	1	1
上海贝岭	0.952	0.939	0.942	0.962	0.952
歌尔声学	0.878	0.922	0.800	0.858	0.878
新大陆	0.991	0.936	0.708	0.948	0.991
综艺股份	0.812	0.773	0.801	0.782	0.812
同方股份	0.747	0.910	0.819	0.740	0.747
大唐电信	0.961	0.909	0.846	0.946	0.961
东方电子	0.961	0.993	0.758	0.933	0.961

企业	研发费用投入	研发经费占营业收入比重	硕士以上学历所占比例	政府财政资助	社会接受度	简单感
远望谷	1	1	1	1	1	1
上海贝岭	0.918	0.963	0.936	0.960	0.919	0.918
歌尔声学	0.958	0.852	0.859	0.967	0.788	0.878
新大陆	0.949	0.951	0.964	0.872	0.874	0.991
综艺股份	0.803	0.782	0.803	0.800	0.884	0.812
同方股份	0.840	0.714	0.763	0.654	0.230	0.747
大唐电信	0.880	0.921	0.867	0.603	0.578	0.961
东方电子	0.860	0.997	0.936	0.800	0.837	0.961

表 4.24　西部 7 家物联网企业 2010 年利润总额与影响因素关联系数表

企业	国内市场容量	注册专利	技术人员	技术人员比例	科技资产来源
卫士通	1	1	1	1	1
鹏博士	0.475	0.363	0.491	0.710	0.475
南天信息	0.848	0.652	0.369	0.987	0.848
汉威电子	0.817	0.470	0.858	0.762	0.817
华工科技	0.313	0.260	0.442	0.717	0.313
武汉凡谷	0.404	0.942	0.431	0.669	0.404
泰豪科技	0.712	0.488	0.770	0.697	0.712

续表

企业	研发费用投入	研发经费比重	硕士生比例	政府财政资助	社会接受度	简单感
卫士通	1	1	1	1	1	1
鹏博士	0.363	0.363	0.777	0.374	0.572	0.475
南天信息	0.592	0.555	0.595	0.538	0.300	0.848
汉威电子	0.809	0.981	0.838	0.478	0.836	0.817
华工科技	0.309	0.268	0.309	0.721	0.655	0.313
武汉凡谷	0.434	0.499	0.324	0.505	0.543	0.404
泰豪科技	0.611	0.501	0.742	0.230	0.230	0.712

　　根据灰色关联法的评价步骤，得到最终的 2010 年东、中西部技术竞争力评价因素关联度表（见表 4.25）。

表 4.25　　　　　　2010 年东、中西部技术竞争力评价因素关联度表

	国内市场容量	注册专利	技术人员	技术员比例	科技资产来源
2010 年东部	0.912	0.922	0.834	0.896	0.912
中西部	0.652	0.596	0.623	0.791	0.652

	研发费用投入	研发经费比重	硕士生比重	政府财政资助	社会接受度	简单感
2010 年东部	0.901	0.902	0.891	0.832	0.763	0.912
中西部	0.588	0.595	0.655	0.549	0.590	0.652

　　3.2011 年原始数据。经过查找、分析与整理，得到的有关物联网企业的数据见（表 4.26、表 4.27）。

表 4.26　　　　　　东部 8 家物联网企业 2011 年数据

企业	利润总额	国内市场容量	注册专利	技术人员	技术员比例	科技资产来源
远望谷	110071007.52	4896	33	334	44.77%	2
上海贝岭	35096104.72	4896	49	261	36.60%	2
歌尔声学	665807971.11	4896	206	3320	31.5%	2
新大陆	102672737.21	4896	60	1688	69.78%	2
综艺股份	550608686.41	4896	0	102	9.81%	2
同方股份	105570021396	4896	206	634	33.89%	2
大唐电信	94969336.0	44896	0	1472	48.13%	2

续表

企业	利润总额	国内市场容量	注册专利	技术人员	技术员比例	科技资产来源
东方电子	48909219.70	4896	15	1355	59.57%	2

企业	研发费用投入	研发经费比重	硕士生比重	政府财政资助	社会接受度	简单感
远望谷	37556677.21	12.19%	9.25%	16416799.99	311216606.14	143
上海贝岭	74217315.94	12.35%	12.6%	28538449.68	505828421.57	143
歌尔声学	201791400.00	5.05%	4.3%	30542600.00	3715036718.77	143
新大陆	7280721.15	0.74%	2.65%	21323741.59	1111269186.83	143
综艺股份	0	0	13.75%	53847277.71	1301421013.97	143
同方股份	356607217.56	33.77%	13.75%	104674500.61	20374783506.43	143
大唐电信	150098329.05	2.61%	39.98%	77953587.98	4511039528.88	143
东方电子	5552758.09	0.046%	13.75%	26555426.66	1218492695.75	143

表4.27　　　中西部7家物联网企业2011年数据

企业	利润总额	国内市场容量	注册专利	技术人员	技术人员比例	科技资产来源
汉威电子	77551254.09	4896	43	186	29.90%	2
鹏博士	222527215.41	4896	0	628	28.22%	2
卫士通	107904068.33	4896	10	468	57%	2
南天信息	130190646.10	4896	0	1849	54.67%	2
华工科技	286361713.56	4896	0	987	19.85%	2
武汉凡谷	189578988.47	4896	36	502	13.1%	2
泰豪科技	9134565214	4896	0	519	17.82%	2

企业	研发费用投入	研发经费比重	硕士生比重	政府财政资助	社会接受度	简单感
南天信息	17664400.00	6.72%	3.38%	19725203.57	233941521.61	143
鹏博士	193200.00	0.086%	6.8%	500000.00	2576261326.86	143
卫士通	62099499.47	12.22%	16%	19758935.31	512374167.27	143
汉威电子	67738.15	0.052%	2.69%	14818937.51	2553139920.11	143
华工科技	87892416.50	0.039%	13.11%	39009607.43	1865589387.16	143
武汉凡谷	82120000.00	18.94%	0.8%	6545809.00	1263790172.99	143
泰豪科技	18101590.83	0.61%	4.82%	10416165.90	2831080044.29	143

　　根据灰色关联法的评价步骤，得到最终的2011年东、中西部技术竞

争力评价因素关联系数表（见表4.28、表4.29）。

表 4.28　　　　东部 8 家物联网企业 2011 年关联系数表

企业	国内市场	注册专利	技术人员	技术人员比例	科技资产来源
远望谷	1	1	1	1	1
上海贝岭	0.960	0.934	0.973	0.971	0.960
歌尔声学	0.768	0.988	0.844	0.832	0.768
新大陆	0.995	0.949	0.802	0.964	0.995
综艺股份	0.807	0.770	0.781	0.778	0.807
同方股份	0.661	0.833	0.685	0.654	0.661
大唐电信	0.991	0.906	0.825	0.987	0.991
东方电子	0.967	0.999	0.822	0.949	0.967
企业	研发经费比重	硕士生比例	政府财政资助	社会接受度	简单感
远望谷	1	1	1	1	1
上海贝岭	0.955	0.943	0.921	0.512	0.960
歌尔声学	0.302	0.750	0.800	0.739	0.768
新大陆	0.950	0.962	0.978	0.864	0.995
综艺股份	0.770	0.826	0.906	0.953	0.807
同方股份	0.710	0.674	0.839	0.230	0.661
大唐电信	0.962	0.828	0.811	0.551	0.991
东方电子	0.974	0.962	0.934	0.828	0.967

表 4.29　　　　中西部 7 家物联网企业 2011 年关联系数表

企业	国内市场容量	注册专利	技术人员	技术人员比例	科技资产来源
汉威电子	1	1	1	1	1
鹏博士	0.636	0.549	0.866	0.629	0.636
卫士通	0.893	0.738	0.744	0.863	0.893
南天信息	0.828	0.474	0.285	0.641	0.828
华工科技	0.549	0.470	0.670	0.956	0.549
武汉凡谷	0.694	0.671	0.928	0.620	0.694
泰豪科技	0.948	0.735	0.670	0.849	0.948
企业	研发经费比重	硕士生比例	政府财政资助	社会接受度	简单感
汉威电子	1	1	1	1	1
鹏博士	0.532	0.790	0.535	0.287	0.636

续表

企业	研发经费比重	硕士生比例	政府财政资助	社会接受度	简单感
卫士通	0.884	0.495	0.893	0.068	0.893
南天信息	0.662	0.790	0.779	0.261	0.828
华工科技	0.470	0.946	0.656	0.433	0.549
武汉凡谷	0.897	0.597	0.608	0.525	0.694
泰豪科技	0.750	0.929	0.834	0.230	0.948

根据灰色关联法的评价步骤,得到最终的 2011 年东、中西部技术竞争力评价因素关联度表(见表 4.30)。

表 4.30　　　　2011 年东、中西部技术竞争力评价因素关联度表

企业	国内市场容量	注册专利	技术人员	技术员比例	科技资产来源
2011 年东部	0.893	0.922	0.841	0.891	0.893
中西部	0.789	0.662	0.737	0.794	0.789

企业	研发费用投入	研发经费比重	硕士生比重	政府财政资助	社会接受度	简单感
2011 年东部	0.927	0.827	0.868	0.898	0.709	0.893
中西部	0.721	0.742	0.792	0.757	0.400	0.789

(五)基于 2009 年、2010 年、2011 年数据得到的技术竞争力评价因素关联度汇总表(见表 4.31)

表 4.31　　　　基于 2009 年、2010 年、2011 年数据得到的技术
竞争力评价因素关联度汇总表

企业	国内市场容量	注册专利	技术人员	技术员比例	科技资产来源
2009 年东部	0.894	0.906	0.824	0.887	0.894
中西部	0.624	0.517	0.630	0.579	0.624
2010 年东部	0.912	0.922	0.834	0.896	0.912
中西部	0.652	0.596	0.623	0.791	0.652
2011 年东部	0.893	0.922	0.841	0.891	0.893
中西部	0.789	0.662	0.737	0.794	0.789

续表

企业	研发费用投入	研发经费比重	硕士生比重	政府财政资助	社会接受度	简单感
2009 年东部	0.908	0.873	0.886	0.872	0.753	0.894
中西部	0.556	0.560	0.549	0.659	0.693	0.624
2010 年东部	0.901	0.902	0.891	0.832	0.763	0.912
中西部	0.588	0.595	0.655	0.549	0.590	0.652
2011 年东部	0.927	0.827	0.868	0.898	0.709	0.893
中西部	0.721	0.742	0.792	0.757	0.400	0.789

（六）评价总结

表 4.31 的数据显示，东部的物联网企业主要依靠专利等科学资源及高额研发经费投入占据技术制高点，这与高新技术的高技术性及资本高投入性的特征相吻合，同时也与发达国家高新技术的发展现状相互吻合，说明我国东部地区的物联网技术与发达国家的技术创新处于相同的状况。与东部相比，中西部地区物联网企业技术竞争力更多是依靠销售收入、技术员和硕士生的数量与比重，表明虽然中西部地区的物联网企业也是依靠知识资源创造技术竞争力，但是相比而言，该种知识资源还是相对缺乏核心作用，专利等创造差异化以保持长久技术优势的因素在中西部的企业技术竞争力中的影响力还未显现，表明中西部与东部之间的差异。

（七）基于 2009—2011 年整合数据的评价

由于上述评价数据是各年不同企业的单独数据，同一年的市场容量、简单感（开设物联专业的高校数）是一样的，因此不能准确评价市场容量、简单感对物联网技术竞争力的影响大小，要体现上述两个因素的影响，则必须进行不同年份间的评价，这样不同年份之间的市场容量、简单感数据不同，可以较明显地体现市场容量、简单感对技术竞争力的影响。本书的数据处理方法为：求出各个评价指标上述两类地区的三年数据的平均数，作为该项指标的参与评价数值，然后用灰色关联分析法进行评价，得出相应的关联系数和关联度。对于科技来源，因为本书假设各个被评价的公司都是自主研发，所以每个被评价公司的科技来源指标值都是一样的（见表 4.32、表 4.33）。

表 4.32　　　　东部 8 家物联网企业 2009—2011 年指标平均数表

年份	利润总额	国内市场容量	注册专利	技术人员	技术人员比例	科技资产来源
2009	223211050.75	2571	50	720	39.16%	2
2010	257530646.62	3528	62	808	38.67%	2
2011	326865756.75	4896	72	1144	41.75%	2
年份	研发费用投入	研发经费比重	硕士生比例	政府财政资助	社会接受度	简单感
2009	56839910	4.71%	14.42%	37128531	2846807405	36
2010	92019806	4.14%	14.30%	38285993	3672168859	64
2011	81438052	8.344%	13.75%	44981547	4131135959	143

表 4.33　　　　中西部 7 家物联网企业 2009—2011 年指标平均数表

年份	利润总额	国内市场容量	注册专利	技术人员	技术人员比例	科技资产来源
2009	165388223	2571	8.14	481	25.67%	2
2010	166238778	3528	9.28	647	29.962%	2
2011	157922790	4896	12.714	734	31.50%	2
年份	研发费用投入	研发经费比重	硕士生比例	政府财政资助	社会接受度	简单感
2009	31528030	4.24%	6.10%	10036789	1246807405	36
2010	29089802	4.24%	6.62%	10709863	1484296790	64
2011	38305549	4.95%	6.8%	15824950	1690882362	143

根据灰色关联法的评价步骤，得到东部与中西部物联网企业技术竞争力影响因素排序（见表 4.34）。

表 4.34　　　　东部与中西部物联网企业技术竞争力影响因素排序

区域	排序
东部	注册专利→技术员→社会接受度→技术员比例→科技来源→市场容量→政府资助→研发经费比重→硕士生比例→简单感→研发经费投入
中西部	科技来源→社会接受度→技术员比例→研发经费投入→硕士生比例→注册专利→研发经费比重→技术员→市场容量、政府资助→简单感

七　评价含义与管理启示

基于 2009—2011 年三年单独数据的评价以及基于 2009—2011 年三年

整合数据的评价结果显示（见图4.7），影响东部与中西部物联网企业技术竞争力的关键因素截然不同，表明这两类地区物联网企业发展处于不同阶段。东部物联网企业的技术发展主要是依靠注册专利以及技术员的绝对数量，这些因素属于科学技术要素范畴。根据"推拉模型"，科学技术因素对东部的物联网企业技术竞争力起着决定作用，并且注册专利对技术竞争力的关联度很高（0.957），表明注册专利对技术发展的贡献率最大，与物联网技术的高技术性相一致。无锡"感知中国"中心、北京中关村、上海张江等高新区聚集了较多高水平物联网企业，引领着中国的物联网技术发展。与东部相比，中西部物联网企业技术发展主要还是依靠社会接受度（销售收入）、技术员以及研发经费等低级生产要素，相比而言处于较低发展水平。虽然技术元也是属于技术因素的范畴，但是一般的技术员离科技的距离遥远，远不如专利离科技的距离近。根据迈克尔·波特的"钻石模型"理论，生产要素分为初级生产要素和高级生产要素。企业如果要用差异化的生产技术等来获取高端竞争优势，一定要通过高级生产要素[①]。因此，中西部物联网企业技术发展必须进一步加快技术创新步伐，培养或引进更多的物联网高级技术人才，进一步创造出更多专利，以牵动

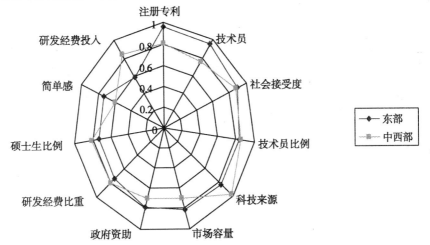

图4.7 东部与中西部物联网技术竞争力因素关联度比较

---

① ［美］迈克尔·波特：《国家竞争优势》，李明轩、邱如美译，郑风田校，华夏出版社2002年版。

整个物联网企业技术发展。另外，东、中西部对简单感（开设物联网专业的高校数）的关联度都很低，表明目前的企业技术开发过程中技术与人类和谐相处的理念还很缺乏。

第四节　物联网技术竞争力培育

一　东部地区物联网技术竞争力的培育

东部地区的物联网企业应该进一步加强技术标准制定的步伐，将已有的物联网专利技术上升为物联网国际标准。上述评价显示注册专利对东部技术发展贡献率很大，但是物联网作为各国占领经济制高点的引擎，其本身的竞争舞台并不在国内，而应该在全球。物联网技术研发应该瞄准美、日、韩、欧。国际上物联网技术竞争的焦点是物联网技术标准。我国在物联网技术标准制定中没有占据有利地位，很多关键技术标准被美、日把持。进一步加强自主创新，瞄准核心技术与关键技术标准研发，将有利于我国加强物联网技术垄断竞争力。英国著名的跨国公司理论专家、联合国跨国公司首席顾问约翰·邓宁和金德尔伯格认为，跨国公司的最大优势是技术垄断优势[①]。因此，加大物联网技术的全球优势培育，密切监视国际物联网技术标准的制定动态，多与国际标准机构沟通协调，加强已有专利市场性转化，与国际市场需求接轨，促进技术的市场需求，已有专利成为国际标准的可能性就大，这是塑造技术垄断竞争力的有力手段。力争推出基于我国自主创新的主导设计，使创新的产品具有较长的领先时间，不为竞争对手所仿制，从而可最大限度地占有市场和吸引潜在客户[②]，占领某些技术领域的制高点。

紧紧围绕核心技术进行研发。上述研究表明，物联网专利中高频引用的 JP1900000000、JP1928000000 等专利是物联网的核心专利，这些核心专利是物联网技术研发绕不过去的技术，因此，物联网研发机构应该弄清楚核心专利的内容，沿着由核心技术所展开的技术轨道进行研发，不要偏

---

① 曾繁华、龙苗：《企业技术竞争力评价指标体系研究：构建、测评与结论》，《统计与信息论坛》2008 年第 8 期。

② 许庆瑞：《研究、发展与技术创新管理》，高等教育出版社 2000 年版。

离技术轨道，才不会偏离研发方向。物联网技术研发需要的资金多，研发偏离了技术轨道则浪费大量的研发资金，耽误研发时间，正确的研发方向的指引将对研发起到事半功倍的效果。

加强物联网技术员培养。上述评价显示，注册专利对东部技术竞争力的关联度最高，技术员与技术员比例对东部物联网技术竞争力关联度较高，技术员是物联网专利产出的基础，因此，要整体提升东部物联网技术竞争力，要加强物联网技术员的培养。物联网技术员属于中低层次的技术资源，多数来自高校的通信、电子、计算机专业的学生或社会培训机构培训出来的学员。鼓励高校，特别是高职院校开设物联网专业，对开设物联网专业的高职院校进行补助，放宽毕业生就业户口限制，或者让物联网专业毕业生落户就业地，使毕业生以就业地为家，从而逐步增加物联网技术员的绝对数量和技术员比例。技术员的绝对数量多、比例大，技术创新的氛围就浓厚，可以进一步加强技术竞争力。

二 中西部地区物联网技术竞争力培育

上述评价显示，科技来源、社会接受度（销售收入）、技术员比例和研发经费投入是中西部物联网技术竞争力关联度较高的前 4 个因素，特别是销售收入、技术员比例和研发经费投入与技术竞争力的关联度高，显示中西部物联网企业的技术创新还没有转移到依靠科技提升技术竞争力的阶段，停留在传统的靠大量资金投入进行技术创新的阶段。如果中西部地区的物联网企业有充足的研发资金，则问题也可能更好解决，然而数字显示，在 2009 年、2010 年、2011 年中，东部与中西部物联网企业技术研发投入比大约分别是 2∶1、3.5∶1 和 2.5∶1，而所评估企业数大体一样，显示出中西部地区物联网企业研发经费严重不足的现状。在这种两难的状况下，物联网技术竞争力的培育困难较多，下面是主要的措施。

进行协同创新。物联网作为高技术集成的产业，其技术创新终究要转移到依靠专利等知识资源带动其发展的轨道上来。特别是目前国际标准还处于制定期的阶段，企业应该多出专利，进一步争取成为国际标准才具有竞争力。评价结果显示，中西部的注册专利严重不足，企业缺乏竞争实力，主要原因是该类地区研发经费严重不足。作为经济欠发达或不发达地区，尽管用于研发的经费比重逐年上升（4.24%→4.24%→

4.95%），但是中西部的物联网企业经济总量较小，用于研发的经费还是较少，与物联网研发的高投入性很不相称。为了提高研发经费，本地区的企业组成创新联盟是切实可行的选择。同时，也可以开展与东部发达地区进行协同创新，与无锡、上海张江、中关村、深圳等地区开展多种形式的合作，可以解决研发经费投入不足的问题。不过这其中的主要问题是在合作的过程中要创新合作利益分配的机制，公平、合理分享创新成果，适当让发达地区的企业合作者先得到稍微多一些的利益，使技术较强的企业愿意与技术较为落后的企业合作研发，解决目前中西部创新乏力的问题。

强调自主创新的重要性。评价结果显示，除了科技来源因素，社会接受度对技术竞争力的影响最大，即该类地区的物联网企业技术竞争力主要受企业销售收入的提升来加强，原因是该类地区拥有的大多是成熟技术或引进技术，企业所要承担的创新风险小，不确定性少，市场稳定，销售收入与技术竞争力正相关。但是，引进的技术大多处于发展或成熟期，发达国家基本不再使用，所以紧接而来的是国外替代技术或新技术的"锁定"，这样显然不利于中西部企业保持长久竞争优势。要保持长久技术竞争力和市场优势，一定要过渡到自主创新。把研发思路转移到依靠自主创新的道路上来，通过不同宣传方式传播自主创新的重要性，提高自主创新意识和水平。多组织人员到东部沿海地区的技术实力较强的地区和企业学习，在发达地区建立技术研发机构，及时把最新技术信息传达进来。物联网技术对经济的战略性与其本身技术上的新兴性决定了企业应该进行自主创新。

提高技术员比例。中西部的技术员比例小、数量少，与该类地区的教育水平整体不发达有关。中西部的大学应该加紧开设物联网专业，同时更重要的是数量较多的高职院校、中等职业学校也要加紧开设物联网专业，因为高职院校、中等职业学校的数量远远超过大学的数量，高职院校、中等职业学校可以大规模地培养物联网中低端人才，充实技术员的队伍，在提高技术员比例的基础上，着重提高技术员的质量。

本 章 小 结

本章首先用专利引文的方法找出物联网技术的核心专利，然后用词频分析法分析了物联网技术的关键技术，基于"推拉模型"和"技术人类共生模型"构建评价技术竞争力的评价指标，基于物联网上市公司的年报数据，用灰色关联分析法分析了物联网企业技术竞争力的关键因子，针对关键因素提出培育物联网技术竞争力的建议。

第五章 物联网产业集群与竞争力培育

第一节 中国物联网产业集群现状

物联网出现的时间并不长，物联网产业正处于产业形成期，各地物联网产业集群也正在形成之中。从世界各国看，物联网产业集群大多是物联网相关技术较为发达的区域。目前，全球物联网产业主要分布在美国、欧盟、日本、韩国和中国等国家或经济体。而新兴的经济体如新加坡、中国台湾以及印度等，在物联网产业发展方面也具有相当的实力。形成了物联网产业的欧、美和亚太三大聚集区。

就中国的物联网产业发展而言，目前形成了长三角、珠三角、环渤海和中西部四大聚集区（见图 5.1）。从图中可以看出，在四大聚集区中，长三角的物联网发展态势处于四大区域之首，包括江苏、上海和浙江，其次是广东省，包括深圳、广州和佛山等地区。西部的四川省也保持着强劲的态势。就整体而言，物联网产业的空间演变呈现三大态势，即产业发展"强者愈强"，资源要素继续向这些优势地区汇聚；产业发展"多点开花"，热点地区将不断地蓬勃涌现；产业演变"合纵联横"，区域分工将进一步显现①。

一 长三角地区物联网产业集群

长三角地区的上海、苏州昆山、无锡、南京、杭州等地区，原有电子信息产业基础厚实，产业链各环节发展较好。得益于上述先天优势，物联网产业在长三角地区发展态势良好，成为引领中国物联网产业发展的"航母"。目前长三角物联网产业主要发展物联网软、硬件核心产品和技

---

① 赛迪顾问：《中国物联网产业地图白皮书（2011 年）》。

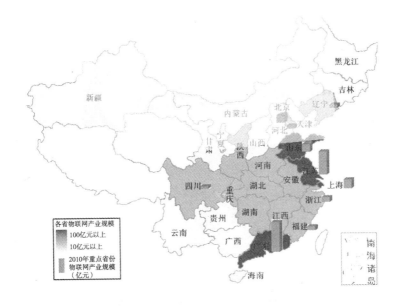

图5.1　中国物联网产业地图（2010年）

资料来源：赛迪顾问，2011年8月。

术，致力于物联网标准的研发，汇聚了一大批物联网的优势企业和龙头企业，国家级物联网科研院所也进驻该地区，组建了较多的物联网产业联盟，如上海有"上海电子标签与物联网产学研联盟"和"中国射频识别产业技术创新联盟"，无锡有"感知中国"中心、"中国物联网研究发展中心""无锡物联网产业研究院""中国传感（物联）网技术产业联盟"等，形成了产、学、研良好的互动。其产业集群见图5.2。

二　珠三角地区物联网产业集群

珠三角地区电子制造业较发达，其物联网产业的发展围绕设备制造、软件和系统集成、网络运营服务等环节，重点进行物联网关键技术的研发。珠三角地区物联网产业集群主要包括深圳、广州、南海和东莞等地区。珠三角的物联网产业联盟有深圳的"M2M产业联盟"，广东的"广东省无线射频标准化技术委员会"等。该地区在无线射频识别技术标准化方面成果突出，其产业发展见图5.3。

三　环渤海地区物联网产业集群

环渤海地区致力打造为物联网产业的研发、设计、系统集成以及制

图5.2 长三角物联网产业发展

资料来源：赛迪顾问，2011年8月。

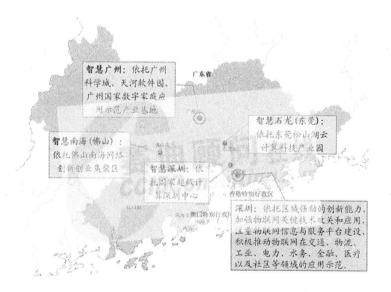

图5.3 珠三角物联网产业发展

资料来源：赛迪顾问，2011年8月。

造的基地。该地区得益于众多的高等院校、国家科学研究机构和跨国公司总部，凭借优越的人力资源和科技资源，紧紧瞄准物联网产业价值链的高端环节，尤其是在物联网标准研发和共性技术等方面较国内其他地区具有优势。该区域组建了"中关村物联网产业联盟"，有力地推动了北京和天津、河北、山东等地区的物联网产业发展。其产业集群地图见图5.4。

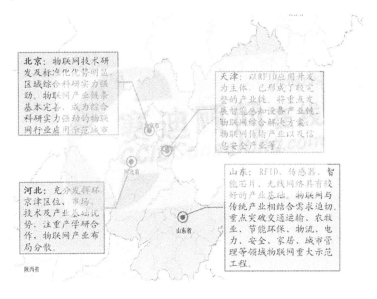

图5.4 环渤海物联网产业发展

资料来源：赛迪顾问，2011年8月。

四 中西部地区物联网产业集群

在物联网产业的布局中，尽管中西部地区的经济、电子信息产业的基础整体落后于上述三大物联网产业集聚区，但正是看准了物联网产业的辐射和带动效应，中西部地区的政府纷纷在这一战略性新兴产业发展中抢占先机，紧密结合本地的自身技术优势，例如武汉的光电子产业优势，西安具有数量较多的高校和科研院所等人才优势，构建完整的物联网产业链和产业体系，组建了较多的产业联盟或组织，如重庆有"中国移动全国M2M运营中心""全国M2M产业基地"，武汉"射频识别创新技术联盟"等，增强了物联网产业集群的势头。值得一提的是，云南省是中西部布局物联网产业的五省之一，显示了其抢占先机的决心（见图5.5）。

图5.5　中西部地区物联网产业发展

资料来源：赛迪顾问，2011年8月。

第二节　基于灰色关联评价法的物联网产业集群竞争力实证研究

　　波特认为，产业集群是特定产业中相互影响和相互作用的企业和研究机构、大学在位置上的集聚。产业集群作为一种区域经济的组织、管理模式，随着美国的硅谷、印度的班加罗尔、意大利的艾米利亚—罗马格纳、中国台湾的新竹、日本的筑波以及北京中关村等集群取得成功，许多国家和地区把产业集群作为发展当地经济的成功模式而寄予厚望。产业集群能为群内的企业带来很多的竞争优势，如成本优势、产品差异优势、营销优势和市场竞争优势等直接经济要素的竞争优势，同时还能带来形成交流企业信息的正式或非正式的网络从而促进技术创新的非直接经济竞争优势，为区域内隐含性、非编码化知识传递和扩散提供条件①。有研究证明，与集群外的同类同发展阶段的企业相比，产业集群内的企业具有更强的竞争力，从而引起许多的学者研究产业集群竞争力。

――――――――――

　　① 魏守华、石碧华：《论企业集群的竞争优势》，《中国工业经济》2002年第1期。

一　产业集群竞争力的内涵

刘恒江、陈继祥[1]在总结国内外文献的基础上，定义产业集群竞争力为"以产业集群的各种要素（包括资源、基础设施、企业和技术条件等）为基础，以企业间的动态网络关系及其层次性递进为运行方式，具有对环境的利用能力和规避能力，在全球市场竞争中能为产业集群的整体绩效带来实质性功效的强劲竞争优势"。陈柳钦[2]认为，产业集群竞争力是一种自组织力、耦合力、协作力、集群创新力和品牌力。阐述产业集群竞争力最具有代表性的是"因素观点"（以波特的"钻石模型"为代表）、"结构观点"以及"能力观点"。"因素观点"的代表人物迈克尔·波特认为，产业集群作为一个整体，其竞争力主要来源于需求状况、生产要素、辅助及支持性产业，以及企业结构竞争等相互关联的四个方面。税伟、陈烈[3]结合我国的经济发展的实际情况，在波特四要素的基础上，将"区域文化"和"外来投资"加入到"钻石模型"当中，使"钻石模型"更适合我国的国情。"结构观点"认为，产业集群竞争力的来源在于企业之间的联系，这种联系主要体现在市场、生产、技术和基础设施等方面，[4] 将产业集群竞争力分为四个层面：依次是微观、中观、宏观和兆观层次。"结构观点"重点强调产业集群是由横向结构和纵向结构相互交织的网络，网络的动态联系促进集群的技术创新。"能力观点"强调的是产业集群能够促使群内的企业培养各种能力，如获取正面经济效应的能力和规避各种风险的能力[5]。王辑慈等[6]将集群分为产业（主要是制造业，也包括服务业等）集群和高技术产业集群。产业集群包括创新性的和非创新性的两类，把高技术集群称作创新集群，并指出创新性集群和非创新性集群的根

①　刘恒江、陈继祥：《产业集群竞争力研究综述》，《外国经济与管理》2004 年第 10 期。

②　陈柳钦：《产业集群竞争力问题研究》，《北京科技大学学报》（社会科学版）2009 年第 6 期。

③　税伟、陈烈：《产业集群系统的钻石系统分析框架与应用路径》，《经济问题探索》2009 年第 6 期。

④　Jery Meyer-Stamer. Understanding the Determinants of Vibrant Business Development：the Systemic Competitiveness Perspective. Praft Paper, 2003.

⑤　张辉：《产业集群竞争力的内在经济机理》，《中国软科学》2003 年第 1 期。

⑥　王辑慈、王敬甯：《中国产业集群研究中的概念性问题》，《世界地理研究》2007 年第 12 期。

本区别是企业互动、知识共享和互动的强调。产业集群的主要能力是技术创新能力。

二　产业集群竞争力评价的"GEM 模型"

在产业集群竞争力的评价上，有定性和定量两种方法。定量方面，加拿大的两位学者帕德摩和吉博森在波特"钻石模型"的基础上，经过多年的研究，总结出一种基于产业集群的"基础（Groundings）—企业（Enterprises）—市场（Markets）"的集群竞争力评价模型——GEM 模型。GEM 模型具有"三要素六因素"，即基础要素（包括资源和设施两因素）、企业要素（包括供应商/相关企业和厂商结构/战略因素）、市场要素（包括本地市场和外地市场因素）（见图 5.6）。GEM 模型的基础是上述所述的"三要素六因素"。"三要素六因素"具体含义见表 5.1①。

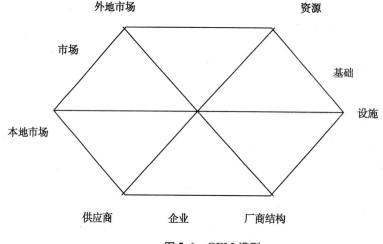

图 5.6　GEM 模型

GEM 模型的定量评价分为三个步骤：（1）因素赋值。按照世界标准分别给每个要素里的因素按照 10 分制赋值。1 分代表该集群此方面的发展情况很差，以此评估标准评价下去，一直到 10 分意味着该产业集群在该方面表现十分优秀，具有世界级的竞争力，在全世界是数一数二的。具体的评价标准见表 5.2②。（2）计算"因素对"的得分。在 GEM 模型中，每个要素中的因素被认为是可以相互替代的。因此，在计算"因素对"

---

① 刘友金：《产业集群竞争力评价量化模型研究》，《中国软科学》2007 年第 9 期。
② 同上。

的得分时，采用两因素得分相加后取平均值的方法。即：PS（Pair Score）= （D_{2i-1} + D_{2i}）/2。上式中，PS（Pair Score）表示"因素对分值"，D_{2i-1}表示第 i 个要素对的第 1 个因素，而 D_{2i} 是第 i 个要素对的第 2 个因素。式中的 i 取 1、2、3。（3）计算产业集群竞争力总得分。这个步骤又分为两小步。第一步，将三个"因素对"分值转换成产业集群的线性分值。其公式为：

$$LCS = \prod_{i=1\cdots3} (PS) = \prod_{i=1\cdots3} (D_{2i-1} + D_{2i}) /2$$

式中，LCS 是 Linear Cluster Score 的缩写，即产业集群线性分值。从上式可以看出，产业集群的线性分值是三个因素对的分值的连乘的积，由此可以看出影响产业集群竞争力的六因素的分值对总体产业集群竞争力的得分具有同等的影响效果，任何一个因素的分值较低都会导致总分值较低。第二步，将上述 LCS 的得分值做一个分值上的变换，目的是使最后得分的总分值为 1000 分（指的是各因素的分值是 10 分的理想状态的情况）。其计算表达式为：

$$GEM = 2.5 \left(\prod_{i=1\cdots3} (D_{2i-1} + D_{2i}) /2 \right)^{2/3}$$

表 5.1　　　　　　　　　　GEM 模型要素及因素含义

要素	因素	含义
基础	资源	指当地固有的、或后来形成的资源，如地理位置，自然资源，专利技术、金融资本
	设施	指硬件和软件设施。如道路、港口、管道和通信设施，软件设施包括制度安排，税收政策，培训机构、商业环境等
企业	供应商/相关企业	指产业集群内的企业在集群内部购买物品或服务
	厂商结构/战略	指集群内企业的数量、规模，企业之间生产的方式、管理模式以及所有权结构等
市场	本地市场	指产业集群所在地区的市场，或者一省或地区的市场，或者是一个国家的市场
	外地市场	指除了本地市场以外的市场，如省外市场、国外市场等

表 5.2　　　　　　　　　　因素等级与评分标准

因素等级	等级评分	评分标准
等级一	10 分	非常优秀，具有世界级的竞争力
等级二	9 分	优秀，具有世界级的竞争力
等级三	8 分	在本国独一无二

续表

因素等级	等级评分	评分标准
等级四	7 分	在本国内具有竞争力
等级五	6 分	超过国内平均水平
等级六	5 分 ·	全国平均水平
等级七	4 分	低于全国平均水平
等级八	3 分	距离全国平均水平有一定差距
等级九	2 分	距离全国平均水平有较大差异
等级十	1 分	距离全国平均水平有十分大的差异并且严重影响产业集群的提升

三　对 GEM 模型的评价及后续改进模型

（一）对产业集群及其竞争力和竞争力影响因素的再认识

考察一个产业集群竞争力评价模型是否科学，不仅要看它能否反应产业集群竞争力特征的基本面，而且还要看它能否突出产业集群竞争力的本质特征[①]。而要对产业集群竞争力做准确的认识，首先必须对产业集群做一个准确的认识。

马歇尔（1920）基于所发现的外部经济与产业集群之间的关系，阐述了旨在利用外部经济的企业集中在同一地理位置的现象，同时，他把外部经济分为金钱性外部经济和技术性外部经济。克鲁格曼（1929）证明了形成产业集群的影响因素为：递增的收益、自组织网络、离心力和向心力的相互作用。Andersen（1994）在分析产业集群的创新关联度时，使用演化经济学方法，得到的成果之一是构建了交互创新的两产业模型和三产业模型，探讨了创新关联和国际专业化问题。Lynn Mytelka 和 Fulvia Farinelli（2000）把产业集群分为非正式群、有组织群和创新群。从上述有关研究中可以发现，多数学者都把产业集群和创新网络或集群创新相联系，认为创新是产业集群的一种功能或干脆是一种产业集群的形式。王辑慈等[②]认为对产业集群的传统看法是"企业通过投入产出联系而获得外部经济效果，尤其是通过越来越精细的专业化分工而获得降低成本的效

---

① 刘友金：《产业集群竞争力评价量化模型研究》，《中国软科学》2007 年第 9 期。

② 王辑慈、王敬宓：《中国产业集群研究中的概念性问题》，《世界地理研究》2007 年第 12 期。

果"，20 世纪 80 年代后，发达国家的产业集群概念是"重视企业的互动合作和知识交流，尤其是隐含经验类知识的交流"，由此可以看出产业集群的内涵随着世界经济发展的不同阶段而产生了较大的变迁，尤其对产业集群知识创新、技术创新的强调是近来产业集群概念的应有含义之一，原因可能与世界经济越来越依赖于电子、通信、生物、新材料新能源以及物联网技术等创新密集型产业的发展不无关系。事实上，早在 2001 年，经济合作与发展组织（OECD）出版的研究报告《创新集群：国家创新系统的推动力》[①] 中就以官方文本形式提出了"创新集群"的理念，也涌现出围绕创新与集群的关系为主题的研究[②]，以及创新的过程研究[③]，所有上述研究都表明技术创新是现代产业集群的根本功能之一，甚至是最主要的功能。因此，在确定影响产业集群竞争力的内涵的时候，很多的学者便不约而同地向集群的"创新功能"看齐，把集群的"创新功能的强弱"或"创新成果的多寡"当作衡量一个产业集群的应有标准或产业集群竞争力高低的标志。相关研究也越来越多，刘有金[④]从焦点企业成长的视角，对产业集群与创新网络耦合演进进行了研究，杜龙政、刘有金[⑤]对在全球价值链视角下的产业集群升级与集群式创新发展进行了研究。而在评价产业集群竞争力的过程中，也越来越多地把创新因素作为重要的因素之一。

（二）GEM 模型的不足

GEM 模型建立的基础是波特的"钻石模型"，因此，"钻石模型"原有的缺陷也不可避免地映射到 GEM 模型中。具体为：（1）波特认为"政

---

① OECD，"Innovative Cluster：Drivers of National Innovation System"，Paris：OECD Proceedings，2001.

② Baptidta R，" Geographical Clusters and Innovation Diffusion"，Technological Forecasting and Social Change. 2001；Simmie J，et al，"Local innovation system governance and performance：a comparative analysis of Oxfordshire，Stuttgart and Toulouse"，International Journal of Technology Manangement，2004；Slanghter G L，Traversat B A，Block R J，"Highly-available distributed cluster configuration database"，1997.

③ Carbonara N，" Innovation process within geographical clusters：a cognitive approach"，Technovation，2004；Ronde P，"Technological clusters with a knowledge-ansed principle：evidence from a Delphi investigation in the French case of the life sciences"，. Resarch Policy，2001.

④ 刘友金：《焦点企业成长视角的产业集群与创新网络耦合演进》，《湖湘论坛》2010 年第 5 期。

⑤ 杜龙政、刘有金：《全球价值链下产业升级与集群式创新发展研究》，《国际经贸探索》2007 年第 12 期。

府的作用"作为间接因素通过直接因素而起作用。而 ÖzÖ[①] 在土耳其的重点产业发展研究中应用"钻石模型",发现政府在产业成长过程中发挥了核心作用。有较多的研究表明,中国的经济发展中政府的作用也扮演了极其重要的角色,因此"政府作用"在评价我国产业集群竞争力时应该是一个核心变量而不应该是辅助变量。(2) Dunning 认为"钻石模型"低估了"跨国经营"在产业成长中的作用,GEM 模型中也并没有把"跨国经营"作为评价的因素。(3)产业集群生命周期的学者认为,产业集群的发展要经历诞生、成长、成熟和衰退的过程,而处于不同生命周期阶段的产业集群,其竞争力的评价指标也应该不一样。GEM 模型并没有区分产业集群的生命周期阶段。(4) GEM 模型并没有体现各个国家区域在经济发展状况、资源禀赋、文化和科技等方面的差异性,税伟、陈烈[②]认为波特的理论和"钻石系统模型"需要根据区域差异和国家及地方的经济、社会实际情况进行一定的修正从而灵活地应用,特别是对高技术产业集群以及全球各国正积极发展中的物联网产业集群,产业发展体现出较多的与别的传统产业不同的发展规律。(5)针对中国的产业多数处于全球价值链低端的现状,许多学者认为应该提升中国产业集群的全球价值链,从价值链提升中提升中国产业集群的竞争力。特别是作为战略性新兴产业的物联网产业,在评价产业集群竞争力时应该有价值链的指标内容,由此引导企业以及产业政策制定者提升中国物联网产业的价值链,避免重蹈"价值链锁定"的覆辙。(6)对于高新技术产业集群,群内的创新互动应该是衡量和评估的重点环节,而 GEM 模型没有体现产业集群的"创新的互动性"。王辑慈等[③]认为,传统的产业集群理论具有仅仅将企业集聚区域作为企业的"经营地点"(site of operation)的含义,而新的集群概念具有作为企业的"互动地点"(site of interacton)的含义,通过互动而促进创新。因此,在评价产业集群竞争力时应该全面地评价集群的互动网络,

---

① ÖzÖ, "The competitive advantage of nations: the case of Turkey", USA: Ashgate Publishing Company, 1999; ÖzÖ, "Assessing Porter's framework for national advantage: the case of Turkey", Journal of Business Research, 2002.

② 税伟、陈烈:《产业集群系统的钻石系统分析框架与应用路径》,《经济问题探索》2009年第 6 期。

③ 王辑慈、王敬甯:《中国产业集群研究中的概念性问题》,《世界地理研究》2007 年第 12 期。

包括旨在编码化知识和意会知识交流的信息流和知识流网络的评估，从而更进一步地衡量集群网络的知识共享的程度，进而衡量集群创新的强度与密度。（7）GEM 模型认为每个要素中的因素对是可以相互替换的，但是对于有些产业，像物联网产业，知识资源（尤其是高级知识资源，如专利）就比其他的设施（如交通基础设施）更具有重要性，因此，在做具体产业评价时应该有所侧重，不应该对所有的因素一视同仁。（8）GEM 模型对每个因素进行衡量的方法是请专家打分，但是因为样本量的限制和人的主观性所限，由专家打分所得到的最后评价结果与现实产业集群竞争力的吻合程度可能会大打折扣，有必要采用更为客观的统计数据进行分析。

（三）评价物联网产业集群竞争力的 G^2EM-CI 模型

1. 物联网产业发展的特点

钟祥喜、肖美华、刘金香[1]认为形成期物联网产业具有政府主导和保护、以自主创新为核心、以国内市场为基础、管理创新影响深远以及对经济、社会和生态的联动作用等发展特点。具体而言，物联网产业目前的发展特点是：（1）政府作用突出。19 世纪 70 年代到 20 世纪初，钢铁工业作为当时的美国战略性新兴产业，森德拉拉简对其关税保护水平进行了计算，从而得出：美国的有效关税水平在 1883 年和 1889 年达到了 126% 和 147%，而到了 1890—1913 年，在 30%—40% 的低水平[2]，1883—1889 年是美国发展战略性新兴产业的时期，由此凸显战略性新兴产业在发展初期政府的作用至关重要。（2）以技术创新为核心。物联网作为高技术产业，自主技术创新处于核心的地位。世界上的新兴产业如光伏产业、集成电路、纳米技术产业和液晶显示器产业的发展，都遵循一条"科学发现—技术发明—产业化"的发展路径。1959 年诺贝尔奖获得者理查德·费曼最早提出有关纳米技术的设想，1991 年日本的 NEC 公司基础研究实验室发明了碳纳米管，从此纳米技术在全球大规模利用。19 世纪末奥地利植物学家发明液晶，1961 年美国的 RCA 公司发现了液晶的光电效应，1973 年日本的精工爱普生发明一款以 TN-LCD 技术所制造的电子表及电子计算

---

① 钟祥喜、肖美华、刘金香：《形成期物联网产业竞争力影响因素分析》，《商业研究》2012 年第 10 期。

② 贾根良、杨威：《战略性新兴产业与美国的崛起》，《经济理论与经济管理》2012 年第 1 期。

机，由此大规模使用 LCD 技术。上述例子显示，尽管科学发现大都是在欧美国家发生，这与欧美作为当今的科学中心相吻合，但是技术发明却都是发生在日本，并且正是由于日本的大量的技术发明才使当今的许多科学发现服务于人们的生活，从而造就了日本在电子、通信领域的领先优势。可见科学发现固然重要，但是技术发明及其产业化却能为国家和区域经济赢得竞争优势。物联网产业作为当今的战略性新兴产业，技术创新尤其重要。因此，产业集群竞争力的评价应该体现物联网技术创新的重要性。而产业集群中的技术创新的源头是企业、研究机构、高校的"互动网络"，因此应该有体现创新过程的"互动"的变量来评价物联网产业集群竞争力。（3）龙头企业领航。物联网技术作为一项新兴技术，其研发具有高度的风险性，需要的研发资金较多，所以中小企业往往负担不起高昂的研发费用而采取技术进口的策略，但是技术进口的后遗症是"技术锁定"，永远只能跟着领跑人，而对于财力雄厚的公司即"龙头企业"应该走自主创新的道路，因此"龙头企业"的多寡便是衡量一个产业集群竞争力的重要变量。"龙头企业"有雄厚的资金来研发前沿技术，不拍技术研发的失败，即使失败了也有充足的财力从头再来。（4）价值链的高端造就竞争优势。物联网技术作为一项新技术，企业、研发机构对很多的子技术还处于各自研究开发的状态，目前还缺乏技术的国际、国内标准主导技术市场，更缺乏一个主宰全球的"主导设计"，因此，谁能制定技术标准并占领市场，谁就处于价值链的高端，成为整个价值链的规则制定者和治理者，并能取得持久的竞争优势。因此，一个产业集群里，从事价值链高端的研发、设计的企业越多，国际国内品牌越多，该产业集群的竞争力越强。

2. 评价物联网产业集群竞争力的 G^2EM-CI 模型构建

根据物联网产业作为战略性新兴产业的发展特点，以及 GEM 模型的固有缺陷，构建评价物联网产业集群竞争力的 G^2EM-CI 模型。G^2EM-CI 模型是由"六要素十二因素"组成，GEM 模型原有的基础（Groundings）、企业（Enterprises）和市场（Markets）等"三要素"及资源、设施、供应商/相关企业、厂商结构/战略、本地市场、外地市场等"六因素"继续保留，增加了体现物联网产业作为高技术产业和战略性新兴产业的政府（Government，G）、价值链（Chain of Value，C）以及体现网络技术创新的互动（Interaction，I）三个要素，具体为政府规划、政府专项资金、价值链低端、价值链高端、产学研结合、产供销结合等"六因素"。综合起来，就是 G²EM-CI 模型（见图5.7）。G²EM-CI 模型的具体含义及各个要素以及因素的评价内容见表5.3和表5.4。

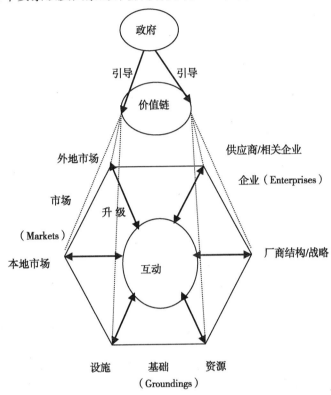

图5.7　G²EM-CI 模型

表5.3		G²EM-CI 模型的具体含义
要素	因素	含义
基础	资源	指当地固有的、或后来形成的资源，如地理位置，自然资源，专利技术、金融资本
	设施	指硬件和软件设施。如道路、港口、管道和通信设施，软件设施包括制度安排，税收政策，培训机构、商业环境等
企业	供应商/相关企业	指产业集群内的企业在集群内部购买物品或服务
	厂商结构/战略	指集群内企业的数量、规模，企业之间生产的方式、管理模式以及所有权结构等
市场	本地市场	指产业集群所在地区的市场，或者一个省或地区的市场，或者是一个国家的市场
	外地市场	指除了本地市场以外的市场，如省外市场、国外市场等

要素	因素	含义
政府	规划	指政府作为国家或区域产业的主导者，对未来的一段时间内的产业发展进行有关于技术、空间布局、资金资助、所采用的行动等的布局
	专项资金	指政府在产业发展初期对物联网产业发展所拨付的资金
价值链	低端	主要指目前处于价值链低端的如制造、加工等环节的企业
	高端	主要指处于价值链高端的如研发、设计、品牌等环节企业
互动	产学研	指在产业集群中开展产学研的科研机构或企业研发中心
	产供销	指在产业集群中指导企业或为企业提供市场、信息、中介等服务的产业联盟或产业协会

表5.4　　　　　　　G²EM-CI 模型"六要素十二因素"评价内容

基础	资源：技术人才，高校及科研院所，风险投资，专利技术，企业家精神 设施：交通，通信
企业	供应商与相关辅助企业：孵化器、生产力促进中心以及相关支持企业 企业结构战略和竞争：龙头企业数量，企业数量与规模
市场	本地市场：市场大小，市场份额，增长率以及前景 外地市场：市场大小，市场份额，增长率以及前景
价值链	低端：制造环节的企业数量 高端：技术标准被采纳数量、品牌数量
政府	规划：有无规划，规划的时间 专项资金：专项资金拨款数量
互动	产学研：产学研企业数量，产学研项目数量，公司（包括跨国公司）研发机构数量 产供销：有无产业协会/产业联盟、数量及成立时间

3. 对应用 G²EM-CI 模型进行评价的说明

（1）GEM 模型认为每个要素中的因素对是可以互换的，但是本书认为这种认识有失准确，特别是对于物联网产业，高级资源就比交通、通信等基础设施重要得多；又比如价值链中的企业，数量再多的低端企业也不能代替高端的研发、设计机构，因为处于价值链高端的机构、企业是价值链的规则制定者和治理者，其竞争优势是显而易见的。因此，本研究在对每一个要素做评价时，或对两方面进行评价，或对某一个重要因素做评价。对于后者，原因是重要因素才是产业集群竞争力的来源，是其他因素不可替代的。

（2）本研究在做评价时，不采用专家打分法，而是采用统计数字进行客观的评价。

（3）应用 GEM 模型的结果是被评价的产业集群最终有一个产业集群竞争力的数值，便于不同产业集群进行横向的比较，但本书是应用 G^2EM-CI 模型来评价影响物联网产业集群竞争力的主要因素，以便于政策制定者把握物联网产业集群的发展规律。因此最终结果是对各个影响因素的重要性的排序。

四　中关村、武汉东湖、无锡新区及南昌高新区物联网产业集群竞争力主要影响因素评价

（一）数据来源与评价方法

本评价的原始数据来源于《2011 年中国火炬统计年鉴》《中国统计年鉴 2011》《第 28 次中国互联网络发展状况统计报告》《中关村指数 2011》、北京中关村国家自主创新示范区官网（www. zgc. gov. cn）、无锡新区官网（www. wnd. gov. cn）、武汉东湖新技术产业开发区政务网（www. wehdz. gov. cn）、南昌国家高新技术产业开发区网（www. nchdz. com），部分数据经作者整理计算而成。

本次评价采用灰色关联评价法进行评价。物联网产业集群的竞争力受到各方面因素的影响，由于目前用于评价的数据和信息非常有限，特别是地方的数据极其缺乏，所以可以把地方物联网产业集群看作是一个灰色系统，在信息十分有限的情况下对其竞争力进行评价可以使用灰色关联法，通过有限的信息使得产业集群竞争力逐渐明朗，从而使信息由灰变白。在评价过程中，产业集群的净利润、总收入作为产业集群竞争力的代表变量为参考数列，G^2EM-CI 模型下的基础、企业、市场、价值链、政府和互动等要素作为比较序列进行评价。具体的评价指标和指标原始值见表 5.5 和表 5.6。

表 5.5　　　　　　　　参与评价的要素、因素以及指标

要素	因素	指标
基础	资源	技术人才（人）、万人拥有授权专利数（件/人）
	设施	2010 年该省市的域名数（个）
企业	供应商与相关辅助企业	孵化器和生产力促进中心总数（个）
	企业结构战略和竞争	高新企业数量（家）、高新技术企业规模（总收入/企业数）（单位：千元/家）

要素	因素	指标
市场	本地市场	技术输出成交额与吸纳技术成交额之和（千元）
	外地市场	国内技术合同成交额（千元）
价值链	高端	技术标准被采纳数量（包括国际、国家和行业标准）（单位：项）
政府	规划	有无制定规划（有数值为10，无为1）
互动	产学研	集群内研发机构数量（包括高校、科研院所、公司自有研发中心等）（家）
	产供销	集群内产业协会/产业联盟数量（家）
产业集群	集群净利润	净利润额（千元）
竞争力	集群总收入	总收入额（千元）

表5.6　　　基于 G²EM-CI 模型的评价指标原始数据（2010 年）

产业集群	技术人才	授权专利	孵化器	企业数	企业规模	本地市场	国内市场
中关村	307370	5.7188	29	15720	1013910	2077	3906
武汉东湖	83755	0.360	17	2468	118563	227	3906
无锡新区	33956	0.917	13	1021	297672	577	3906
南昌高新区	18987	0.092	9	288	291619	54	3906

产业集群	技术标准	规划	研发机构	协会/联盟	总收入	净利润
中关村	1096	10	323	65	1593866575	110637253
武汉东湖	10	1	131	11	292614195	17667077
无锡新区	101	10	87	8	303923610	20743716
南昌高新区	5	3	48	3	83986381	3002729

说明：1. 孵化器数量是实际国家级科技企业孵化器与生产力促进中心数量的总和。2. 企业规模 = 总收入/企业数。3. 假设各个产业集群所面对是一样的国内市场，所以各个产业集群的国内市场成交额也是一样的。4. 技术标准包括所制定的国际、国内和行业标准。5. 如果当地制定了有关物联网发展的产业规划，则记为10，无则记1。

（二）基于灰色关联评价法的中关村、武汉东湖、无锡新区以及南昌高新区物联网产业集群竞争力主要影响因素评价（以净利润为参考序列）

1. 计算序列初值

基于上述的原始数据，以中关村的各项数值为参照值100，得到其他。产业集群的值见表5.7。

表 5.7　　基于 G²EM-CI 模型的产业集群竞争力影响因素初始化值表

产业集群	技术人才	万人拥有授权专利数	孵化器	企业数量	企业规模	本地成交额	国内成交额
中关村	100.00	100.00	100.00	100.00	100.00	100.00	100.00
武汉东湖	7.24	6.29	58.62	15.69	11.69	10.92	100.00
无锡新区	11.04	16.03	44.82	6.49	29.35	27.78	100.00
南昌高新区	6.17	1.60	31.03	1.83	28.76	2.59	100.00

产业集群	技术标准	规划	研发机构	总收入	产业协会/产业联盟	净利润
中关村	100.00	100.00	100.00	100.00	100.00	100.00
武汉东湖	0.91	10.00	40.55	18.35	16.92	15.96
无锡新区	9.2	1100.00	26.93	19.06	12.30	18.74
南昌高新区	0.45	10.00	14.86	5.26	4.61	2.71

2. 计算各影响因素对净利润的差序列

以各个产业集群的净利润为母序列，得到差序列见表 5.8。

表 5.8　　基于 G²EM-CI 模型的产业集群竞争力影响因素对净利润的差值序列表

产业集群	技术人才	万人拥有授权专利数	孵化器	企业数量	企业规模	本地成交额
中关村	0	0	0	0	0	0
武汉东湖	− 11.28	9.67	− 42.66	0.27	4.27	5.04
无锡新区	7.70	2.72	− 26.08	12.25	− 10.61	− 9.04
南昌高新区	− 3.46	1.11	− 28.32	0.88	− 26.04	0.12

产业集群	国内成交额	技术标准	规划	研发机构	产业协会/产业联盟
中关村	0	0	0	0	0
武汉东湖	− 84.04	15.0	5.96	− 24.59	− 0.96
无锡新区	− 81.26	9.53	− 81.26	8.19	6.44
南昌高新区	− 97.29	2.26	− 7.29	− 12.15	− 1.90

3. 计算极差

在表 5.8 中，最大的极差绝对值是 97.29，最小的极差为 0。

4. 计算各影响因素对净利润的关联系数

因为上述差序列最大值的绝对值为 97.29，最小差的绝对值为 0，相差较大，为了减少极大差值对整个评价的影响，这里的 λ 取 0.3，即 $\lambda =$

0.3 计算关联系数，结果见表 5.9。

表 5.9　　　　基于 G^2EM-CI 模型的产业集群竞争力影响因素对净利润的关联系数序列表

产业集群	技术人才	授权专利	孵化器	企业数	企业规模	本地市场
中关村	1	1	1	1	1	1
武汉东湖	0.721	0.751	0.406	0.990	0.872	0.852
无锡新区	0.791	0.914	0.528	0.704	0.733	0.763
南昌高新区	0.893	0.963	0.507	0.970	0.528	0.995

产业集群	国内市场	技术标准	规划	研发机构	协会/联盟
中关村	1	1	1	1	1
武汉东湖	0.257	0.659	0.830	0.542	0.968
无锡新区	0.264	0.753	0.263	0.780	0.819
南昌高新区	0.230	0.928	0.800	0.706	0.938

5. 计算各个影响因素的关联度

结果见表 5.10。

表 5.10　　　　基于 G^2EM-CI 模型的产业集群竞争力影响因素对净利润的关联度表

因素	技术人才	专利	孵化器	企业数量	企业规模	本地市场	外地市场	技术标准	规划	研发机构	协会/联盟
关联度	0.851	0.907	0.610	0.916	0.783	0.902	0.437	0.835	0.723	0.757	0.931

6. 基于 G^2EM-CI 模型的产业集群竞争力影响因素对净利润的灰色关联树（见图 5.8）

（三）基于灰色关联评价法的中关村、武汉东湖、无锡新区以及南昌高新区物联网产业集群竞争力主要影响因素评价（以总收入为参考序列）

1. 计算基于 G^2EM-CI 模型的产业集群竞争力影响因素初始化值表（见表 5.7）。

2. 计算各影响因素对总收入的差序列。以各个产业集群的总收入为母序列，得到差序列见表 5.11。

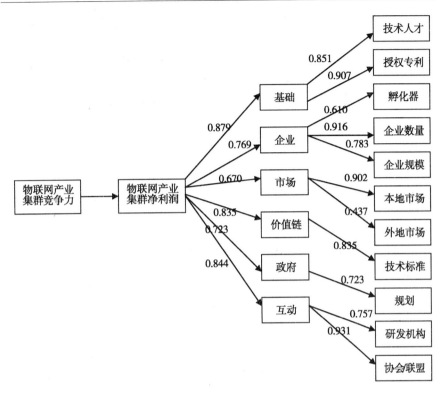

图 5.8　基于 $G^2EM\text{-}CI$ 模型的产业集群竞争力影响因素对净利润的灰色关联树

表 5.11 　　　　　 基于 $G^2EM\text{-}CI$ 模型的产业集群竞争力

影响因素对总收入的差值表

产业集群	技术人才	授权专利	孵化器	企业数量	企业规模	本地市场
中关村	0	0	0	0	0	0
武汉东湖	−8.89	−12.06	−40.27	2.66	6.66	7.43
无锡新区	8.02	3.03	−25.76	12.57	−10.29	−8.72
南昌高新区	−0.91	3.66	−25.77	−13.06	−23.50	2.67
产业集群	外地市场	技术标准	规划	研发机构	协会/联盟	
中关村	0	0	0	0	0	
武汉东湖	−81.65	17.44	8.35	−22.20	1.42	
无锡新区	−80.94	9.85	−80.94	−7.87	6.76	
南昌高新区	−94.74	4.81	−4.74	−9.60	0.65	

　　3. 计算各影响因素对总收入的关联系数。因为上述差序列最大值的绝对值为 94.74，最小差的绝对值为 0，相差较大，为了减少极大差值对

整个评价的影响，这里的 λ 取 0.3，即 λ = 0.3 计算关联系数，见表 5.12。

表 5.12　　　　基于 G^2EM-CI 模型的产业集群竞争力影响

因素对总收入的关联系数表

产业集群	技术人才	授权专利	孵化器	企业数量	企业规模	本地市场
中关村	1	1	1	1	1	1
武汉东湖	0.761	0.702	0.413	0.914	0.810	0.792
无锡新区	0.779	0.895	0.524	0.693	0.734	0.765
南昌高新区	0.968	0.885	0.524	0.685	0.547	0.914

产业集群	外地市场	技术标准	规划	研发机构	协会/联盟
中关村	1	1	1	1	1
武汉东湖	0.258	0.619	0.772	0.561	0.952
无锡新区	0.259	0.742	0.259	0.783	0.807
南昌高新区	0.230	0.855	0.857	0.747	0.977

4. 计算各个影响因素的关联度。结果见表 5.13。

表 5.13　　　　基于 G^2EM-CI 模型的产业集群竞争力影响因素

对总收入的关联度表

因素	技术人才	专利	孵化器	企业数量	企业规模	本地市场	外地市场	技术标准	规划	研发机构	协会/联盟
关联度	0.877	0.870	0.615	0.823	0.772	0.867	0.436	0.804	0.722	0.772	0.934

5. 基于 G^2EM-CI 模型的产业集群竞争力影响因素对总收入的灰色关联树（见图 5.9）。

（四）基于 G^2EM-CI 模型的产业集群净利润、总收入的影响因素排序（见表 5.14a 和表 5.14b）

表 5.14a　　　　基于 G^2EM-CI 模型的产业集群净利润、

总收入的影响要素排序

对净利润：	基础（0.879）→互动（0.844）→价值链（0.835）→企业（0.769）→政府（0.723）→市场（0.670）
对总收入：	基础（0.873）→互动（0.853）→价值链（0.804）→政府（0.772）→企业（0.736）→市场（0.651）

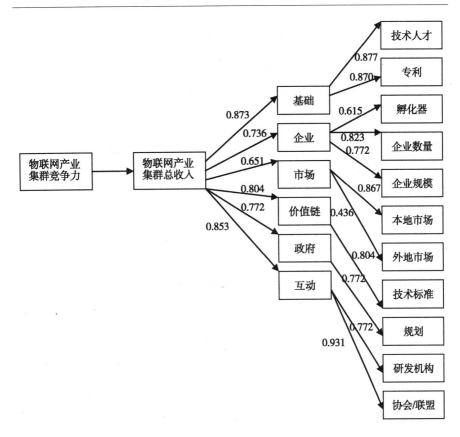

图 5.9　基于 $G^2EM\text{-}CI$ 模型的产业集群竞争力影响因素对总收入的灰色关联树

表 5.14b　　　　　　基于 $G^2EM\text{-}CI$ 模型的产业集群净利润、
总收入的影响因素排序

对净利润：	协会/联盟（0.931）→企业数量（0.916）→专利（0.907）→本地市场（0.902）→技术人才（0.851）→技术标准（0.835）→企业规模（0.783）→研发机构（0.757）→规划（0.723）→外地市场（0.437）
对总收入：	协会/联盟（0.934）→技术人才（0.877）→专利（0.870）→本地市场（0.867）→企业数量（0.823）→技术标准（0.804）→企业规模（0.772）→研发机构（0.772）→规划（0.722）→外地市场（0.436）

第三节　物联网产业集群竞争力培育

从上述评价结果看，无论是以物联网产业集群的净利润还是总收入作为产业集群竞争力评价的母序列进行评价，得出的影响物联网产业集群的主要影响因素基本相同。基础、互动和价值链三个要素占据前三的影响位置，这结果对实际的物联网产业集群竞争力的培育具有指导意义。

1. 基础要素作为影响竞争力的第一因素，说明物联网产业集群作为高技术产业集群，知识资源特别是专利和技术人才是培育和提升产业集群竞争力最关键要素。因此，在培养物联网产业集群竞争力的过程中，应该努力提高物联网技术人才和物联网技术专利的数量和质量。高校应该加紧开设物联网技术或物联网工程专业以培养更多的专业人才。尽管目前开设物联网专业的高校达到 100 多所，但是对于物联网的人才需求是远远不够的，可以发挥广大数量较多的高职院校、中等职业学校的作用，通过高职院校、中等职业学校开设物联网相关专业，以产出较多的物联网技术人才。物联网作为一个新专业，学生对毕业后的就业比较关心。针对这个问题，学校可以实行"订单"式教育，发动集群内广大的用人单位先与学生签约，消除学生和家长的顾虑。同时，严把学生培养质量关。为了提高学生质量，学校可以聘请企业的技术骨干作为学校的"兼职老师"参与到学生的培养中来，增强培养过程中学生的实践能力。学校在教学中加大学生到对口企业实习的力度，把在企业实习的表现列入考核的内容，这样有利于真正提高学生对实践的认识。通过双向沟通和努力，提高物联网技术人才的数量和质量。产业集群内部也可以组建物联网培训学院，以培养实践能力强、对未来岗位容易胜任的人才。

然而，对于物联网产业集群竞争力的培育和提升，更多的是要依靠专利的数量和质量的提升。通过对比中、美两国的物联网技术专利研发，显示出中美在技术生命周期、技术主题、研发主体、专利布局等方面有诸多的差异。（1）从美国的物联网专利申请量来看，美国的物联网技术研发处于饱和期，而中国处于增长较为稳定的成熟期。说明中国的物联网专利研发大有可为，企业和研究机构应进一步提高物联网技术创新的热情，以产出更多的物联网专利。（2）从技术主题上看，中国的物联网技术研发注重应用研究，而美国注重基础研究，显示出两国技术研究的实力差距。物联网基础技术作为物联网技术发展轨道绕不过的"坎"，比应用技术重要得多。因此，我国应该在加强物联网应用研究的基础上，更应该注重基础技术的研究。例如芯片的研发就是基础研究的典型领域，目前国内研发实力比较薄弱。加大对芯片等基础技术的研发，拥有芯片等基础技术的自主知识产权才能提升我国的专利竞争力。为了攻克物联网基础技术，集群内部的企业、大学、研究机构应进行协同创新，形成一些有实力的技术标准制定组织以提升整个集群的技术实力，进而提升整个国家的竞争力。(3) 中国的研发主体更多地是大学和研究机构，企业所占的比重较小，而美国则以企业研发为主体，显示出企业的研发主体性地位。中国的大学和研究机构应该加强研究成果市场转化的力度，使专利技术真正能够创造价值。同时，强化企业的研发主体地位，政府对物联网企业建立研发中心给予适当的补贴，可以激发企业的研发活力。(4) 从专利布局上看，美、日、欧、韩非常注重在中国的专利布局，而中国在上述几个国家申请专利的数量较少，显示出中国企业和研究机构的专利保护意识不强和国际化视野不够的现状。中国的企业和研究机构应该重视专利的国际化布局，特别是在美、日、欧的布局，以提高物联网知识产权的保护范围。

2. 互动要素作为第二大要素，说明产业集群的创新网络无论对产业集群的净利润还是总收入都至关重要。物联网产业作为高技术产业，技术创新的地位尤其突出，而技术创新必然要有创新氛围，要形成技术创新网络，形成更多网络联结互动关系，才能培育和提升产业集群竞争力。物联网产业集群内部要建立有利于技术创新的产业联盟和协会，便于企业互动交流以提升物联网技术创新水平。

目前，全国各地建立了较多的物联网产业联盟，如中关村物联网产业联盟、北京汽车物联网产业联盟、上海电子标签与物联网产业联盟、中国射频识别产业技术创新联盟、重庆的中国移动全国 M2M 运营中心、全国 M2M 产业基地、广东省无线射频标准化技术委员会、无锡"感知中国"中心、中国物联网研究发展中心等联盟。从联盟类型上来说，有的属于市场合作型产业联盟，有的属于研究开发合作型产业联盟，有的是物联网技术标准联盟，还有的属于产业链合作产业联盟。但是，不管属于哪种类型的物联网产业联盟，都存在产业联盟内部的企业加入门槛较低的现象，以及不同区域的产业联盟恶性竞争和重复建设现象严重的问题，同时还存在产业内部的沟通交流不够，组织联系较为松散的现象。为了使物联网产业联盟确实发挥作用，首先，产业联盟应当拒绝确实不是物联网的企业，使物联网产业联盟内部真正的物联网企业从联盟中得到应有的扶持，特别是物联网资金、基础共性技术、市场网络等方面的帮助。其次，在加强联盟内部企业之间的沟通的基础上，还应该加强不同区域的联盟之间的沟通，协调不同产业联盟之间的工作，避免因恶性竞争和重复建设造成的产能过剩，以及接下来因产能过剩又造成的恶性竞争。再次，产业联盟作为一种企业、研究机构和高校等相互连接在一起的松散组织形式，存在沟通较少的现象。这样就不能充分发挥产业联盟的"桥梁"作用。应该定期地开展交流会，出版月报刊物，创建统一管理平台以沟通信息。从已有的物联网产业联盟的成员构成上看，企业占据了绝大多数，而大学和科研机构较少，不利于技术创新氛围的形成。要多引进高校、科研院所加入物联网产业联盟，多形成技术交流和创新的网络，引进较多的创新源，以便于集群内部技术的扩散和经验类知识的交流。最后，作为外生变量的政府，可以适时指导建立民间联盟促进物联网技术创新，这对于处于形成期的物联网产业发展非常重要。政府帮助联盟引进高校、研究所等科研机构，为高校和科研院所创造条件，制定优惠政策，使国家各类研究机构以及跨国公司研究中心等在本地的物联网产业集群落户。例如无锡就引进了北京、南京等地丰富的高校资源，增强集群的知识资源的绝对数量，以形成集群内部的创新动力。

3. 提升物联网产业的价值链是培育产业集群竞争力和治理物联网产业集群的根本出路。我国的产业，特别是高新技术产业长期被锁定在价值链的低端，处于"微笑曲线"的底端，那样我国的企业只能靠辛苦赚取很少的利润，大部分价值被价值链两端的研发和设计企业瓜分。设法提升我国企业的研发设计能力，走技术高端之路，才是走出"锁定"的选择。目前，物联网的主导设计还未出现，倡导国内企业积极参与技术标准的制定工作是正确的道路。在发展物联网产业的过程中，技术标准将来是否具有生命力和活力，不在于个别技术的先进性，该技术标准所具有的开放性及将开拓的市场容量才是技术标准存活的关键因素和核心问题[1]。首先，在物联网各项技术的标准制定过程中，建议在东、中、西部地区建立一些物联网技术标准产业联盟，以整体力量提升攻克物联网技术标准，物联网技术标准产业联盟之间多相互进行沟通，举行定期通报会，保持标准研发动态的互通和协调。在互通与协调的过程中，对产业联盟进行管理的单位的缺失是一个必须解决的问题。国家工业与信息化部可以牵头成立一个半官方的机构对全国的物联网产业联盟进行管理、沟通和协调，以发挥产业联盟之间的协同作用。其次，物联网产业联盟内部成立专门的咨询机构或

---

[1]　长城战略咨询：《物联网产业发展研究（2010）》。

调研机构，多了解用户的需求，准确掌握消费者的当前需求和潜在需求，这样制定的技术标准具有广泛的需求基础，保证制定的标准未来的市场规模。

4. 注重本地市场的开拓，进一步提升本地市场的容量。产业集群内的本地市场越大，厂商之间的交流与合作就越多，相应的技术创新网络就越密集，所以对产业集群竞争力的培育和提升，本地市场具有外地市场不具有的地理优势。物联网产业链比较长，涉及行业比较多，在已有的物联网产业集群或准集群的基础上，政府通过对集群内的物联网企业给予优惠政策、补助、专项资金等办法，引导物联网企业地理位置的集中，可以日益壮大物联网本地市场。

本 章 小 结

本章首先介绍中国四大物联网产业集群（长三角、珠三角、京津冀和中西部）的物联网产业发展情况，然后在评价产业集群竞争力的 GEM 模型的基础上，加入体现物联网产业集群的政府、价值链和互动要素，构建成 $G^2EM\text{-}CI$ 模型，基于北京中关村、武汉东湖新技术产业开发区、无锡新区以及南昌高新技术产业开发区的数据，实证分析了物联网产业集群的影响要素和影响因素，得到的结论是：主要影响要素为：基础、互动和价值链；主要的影响因素是：协会/联盟、专利、技术员和本地市场。最后在上述主要影响要素和主要因素的视角提出培育物联网产业集群竞争力的建议。

第六章 物联网技术接受与应用及应用能力培育

第一节 物联网应用概述

美国是物联网技术的发祥地。在美国，物联网将使现代农业发展为智慧农业，作为一个科技大国，美国十分重视 3S 技术（RS, GIS, GPS）的发展[①]。同时，物联网将全面改造美国的第二产业，提升第三产业的竞争力。在中国，物联网已经在我国工业、电力、物流、交通、环保、医疗、农业等各个领域被广泛应用并产生了可观效益[②]。不过，从已有的物联网应用来看，多属于行业应用，而与人们生活息息相关的应用并不多。中国工程院院士陈俊亮指出，物联网的发展要"用"字当头[③]。包括各种行业应用和方便人们生活的应用如智慧家居、智慧医疗等。新技术产生后终究要靠人们接受后的大规模的商业应用才能成长乃至成熟，因此，研究如何扩大物联网技术的市场应用，是发展物联网的一项重要研究课题。应用的基础是该项技术被广大消费者普遍接受。只有人们接受了某项技术才会大规模的应用，大规模的应用使成本下降，规模经济逐渐显现，盈利越来越多。本书意在研究影响形成期中部地区物联网技术接受和应用的因素，从而提出相应的对策。

---

① 萧琛、刘丁华：《物联网对美国产业格局和经济结构的影响——虚拟经济与实体经济的"去脱节化"探索之一》，《广义虚拟经济研究》2011 年第 3 期。

② 陆永：《物联网条件下公共安全管理》，《城市问题》2011 年第 2 期。

③ 黄晓艳：《物联网的发展要"用"》，《高科技与产业化》2011 年第 4 期。

第二节　基于结构方程模型的形成期中部物联网技术接受与应用分析

一　技术接受模型（TAM）及其后续扩展模型及评论

自 20 世纪 80 年代以来，技术接受研究领域先后涌现出 F. D. Davis 的技术接受模型（见图 6.1）（Technology Acceptance Model，TAM）[1][2]，Venkatech and F. D. Davis[3] 的技术接受扩展模型（The Extension of the Technology Acceptance Model，TAM2），技术接受及使用综合模型[4]（Unified Theory of Acceptance and Use of Technology，UTAUT），Venkatesh and Bala 的技术接受模型 3（TAM3）[5]。而在社会心理学里的计划行为理论[6]（Theory of Planned Behavior，TPB），社会认知理论[7]（Social Cognitive Theory，SCT），以及创新扩散理论[8]（Innovation Diffusion Theory，IDT）也被借用到技术接受研究领域。在上述的几个模型中，应用最广、影响最深远的是技术接受模型（TAM），后续的 TAM2、TAM3、UTAUT 等都是在 TAM 的基础上的扩展或修正。技术接受模型给出的结论是：人们使用信息技术的行为是由使用意向决定的，使用意向由使用的态度和对技术的感

① Venkatech V，Davis F. D，"A theoretical of the technology acceptance model：For longitudinal field studies"，Management Science，Vol. 46，2000.

② F. D. Davis，"Perceived usefulness，perceived ease of use，and user acceptance of information technology"，MIS Quarterly，Vol. 13，1989.

③ Viswanath Venkatech，F. D. Davis，"A theoretical Extension of the Technology Acceptance Model：Four longitudinal field studies"，Management Science，Vol. 46，2000.

④ Venkatech A，Morris M. G，Davis G. B，"User acceptance of information technology：Toward a unified view"，MIS Quarterly，Vol. 27，2003.

⑤ Venkatesh，Hillol Bala，"Technology Acceptance Model3 and a Research Agenda on Inteventions"，Decision Sciences，Vol. 39，2008.

⑥ Taylor S，Todd P. A，"Understanding information technology usage：A test of competing models"，Information Systems Research，Vol. 6，1995.

⑦ Compeau D. Higgins C，A，Huff S. L，"Social Cognitive Theory and individual reactions to computing technology：A longitudinal study"，MIS Quarterly，Vol. 23，1999.

⑧ Moore G. C. ，Benbasat I，"Development of an instrument to measure the perceptions of adopting an information technology innovation"，Information Systems Research，Vol. 2，1991.

知有用性决定，而使用的态度是由对技术的感知有用性和感知易用性决定的，感知易用性还影响感知有用性，而感知有用性和感知易用性是由外部变量决定的。

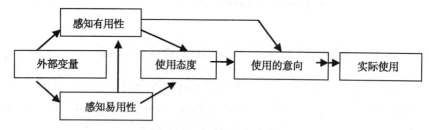

图 6.1　技术接受模型（TAM）

技术接受模型由于含义清晰，形式简单，易于对具体的信息技术进行验证，因此应用此模型的研究较多。该模型产生的背景是：发达国家已广泛应用信息技术、信息成本很低但信息收益显著。与发达国家相比，我国的信息技术应用在较多的企业中"信息悖论"的现象还较严重，信息收益较少。因此，我国的研究不能照搬 Davis 的技术接受模型。同时，已有应用技术接受模型进行研究的对象大多是学生，存在研究对象同质性的问题。此外，技术接受模型比较适合对一些简单的信息系统如电子邮件、平面设计软件、文字软件、学习软件的接受研究，而针对一些较为复杂的信息系统如 ERP、Zviran、Pliskin、Levin[1] 发现技术接受模型里的影响关系并没有像上述用技术接受模型验证简单系统那样显著。Fiona Fui-Hoon Nah 等[2]提出，应用技术接受模型进行实证研究的一个前提是：用户对信息系统的使用有一定程度的选择权（即使用意愿）。而对复杂信息系统，应用者大多是公司职员，他们的应用取决于公司推行应用该系统的意志，大多是被动的强制接受，因此技术接受模型不太适用对复杂系统的接受研究。因此，国内学者针对我国应用信息技术的现状，建议在利用或构建技术接受模型时关注信息系统的过程性，如对模型的适应范围、适用阶段、

---

① Zviran M，Pliskin N，Levin R，"Measuring User Satisfaction And Perceived Usefulness In The ERP Context"，The Journal of Computer Information Systems，Vol. 45，2005.

② Fiona Fui-Hoon Nah，Xin Tan，Soon Hing，"An Empirical Investigation on End-Users'Acceptance of Enterprise Systems"，. Information Resources Management Journal Vol. 17，2004.

应用方法和过程等①方面的考虑，结合信息技术生命周期观点研究或构建模型。以及考虑我国的信息化现状与发达国家悬殊的特点，建议从信息收益、信息能力、信息分化观点构建适合我国的技术接受模型②。特别是针对物联网这一复杂、综合的技术群，应该结合该技术在我国的具体发展阶段、各个地区信息化水平的不同等来构建适合我国国情及各区域省情的物联网技术接受模型。

二　形成期中部物联网技术接受与应用模型构建

根据上述中外学者对技术接受研究的建议，本研究基于 Davis 的技术接受模型，以我国信息化地区差距巨大的现状为依据，考虑物联网技术及产业的发展阶段，以及中部地区的信息收益和人们的信息能力，构建适合中部地区具体情形的形成期中部物联网技术接受模型。

（一）物联网产业处于形成期

产业生命周期理论认为，产业的发展必须经历起步期、成长期、成熟期和衰退期。而对于新兴产业而言，前端是新兴技术向新兴产业的过渡期，中间是产业的成长期；后端是产业成熟期③。综合新兴产业的特点和产业生命周期理论，本书认为我国物联网的发展阶段处于产业生命周期中起步期向成长期的过渡期，即产业形成期。该时期由于缺乏成功的商业模式，产业化进程步伐很慢，缺乏主宰市场的"主导设计"。

（二）中部地区信息化现状和物联网发展

信息化的基础是国内生产总值（GDP）。从历年的中国统计年鉴可以看出，中部省份 GDP 与东部沿海省份悬殊。相应的，信息化水平则更加悬殊。表 6.1 是 2010 年全国及四个类型地区信息化发展指数比较表，中部大部分省份属于第三、第四类地区。表中数据显示，无论是分指数还是总指数，中部省份与全国平均水平相差较大，而与第一类地区则差距更大，中部地区的信息化水平几乎全国最低。特别是基础设施指数、产业技术指数和发展效果指数与全国平均、第一、第二类地区相差巨大，这是物联网技术接受与应用不可忽视的现实。物联网技术具有资本密集型的特

①　赵昆：《信息技术用户接受模型研究现状分析及展望》，《云南财经大学学报》2007 年第 4 期。

②　高芙蓉：《信息技术接受模型研究的新进展》，《情报杂志》2010 年第 6 期。

③　纪志成、王艳：《中国物联网产业技术创新战略研究》，《江海学刊》2011 年第 6 期。

点，由于经济基础不雄厚，中部发展物联网技术的基础不太扎实。根据赛迪顾问①研究公布的中国物联网产业地图显示，长三角、环渤海、珠三角等地区作为目前国内物联网产业的聚集地，物联网资源要素继续向上述地区汇聚集中，在未来的物联网产业发展中的地位进一步提升，形成"强者愈强"的局面。中部地区的物联网产业发展与上述区域的"鸿沟"越来越大。

表 6.1　　　2010 年全国及四个类型地区信息化发展指数比较

	基础设施指数	产业技术指数	应用消费指数	知识支撑指数	发展效果指数	总指数
全国平均	0.389	0.914	0.598	0.803	0.701	0.681
第一类地区	0.749	1.197	0.883	1.109	1.108	1.009
第二类地区	0.445	0.916	0.640	0.833	0.686	0.704
第三类地区	0.335	0.771	0.542	0.792	0.596	0.607
第四类地区	0.278	0.738	0.509	0.730	0.580	0.567

资料来源：《2011 年中国信息化发展指数（IDI）研究报告》。

说明：第一类地区包括北京和上海。第二类地区包括天津、浙江、广东、江苏、辽宁、福建、陕西、山东、重庆、湖北、山西、吉林和黑龙江，共 13 个省（直辖市）。第三类地区包括海南、四川、湖南、内蒙古、河北、宁夏、新疆、安徽和江西，共 9 个省（自治区）。第四类地区包括青海、甘肃、河南、贵州、广西、云南和西藏，共 7 个省（自治区）。中部省份大都属于第三、第四类地区。

（三）中部物联网技术接受模型构建

根据辩证唯物主义"事物的发展是具体的、历史的"的观点，结合物联网技术的具体特点、特殊的发展阶段以及中国的物联网发展大多属于政府主导、应用具有偏强制性或较少有选择权的特点，考虑中部地区的信息化相对落后的现状，构建形成期中部物联网技术接受模型（见图 6.2）。

（四）物联网技术接受与应用的影响因素

1. 感知安全与感知隐私

感知有用性是指用户主观上认为某一特定系统所提升的工作绩效程度②。感知安全是指用户主观上认为使用物联网技术对个人或组织安全的

---

① 赛迪顾问：《中国物联网产业发展现状及未来趋势》，《通信世界》2012 年第 3 期。

② K. Romanow, S. Lundstrom, "RFID in 2005：The What is more inportant than the when with Wal-Mart Edict", AMR Research, Vol. 8, 2003.

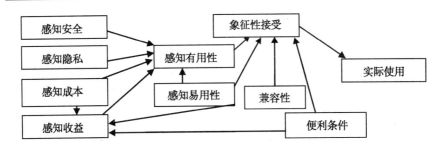

图 6.2　形成期中部物联网技术接受模型

威胁。感知隐私是指用户主观上认为使用物联网技术对个人隐私的威胁或泄露。商品信息的 EPC 码在 RFID 的信号发射机与接收机之间传递，商品信息如被非法获得或网络链接受到入侵，将给用户信息安全、经营者利益构成威胁[1]。欧盟早就高度关注物联网安全与隐私，2009 年发布的《物联网——欧盟行动计划》中规定的 14 项行动计划中就有三项内容（"隐私及数据保护""芯片沉默的权利""潜在危险"）是有关安全与隐私。物联网一般被认为分为感知层、传输层和应用层。感知层面临的威胁有针对RFID 的安全威胁、针对无线传感网安全威胁和针对移动智能终端的安全威胁。传输层将面临异构网络跨网认证安全问题。应用层面临着未来连接为一个大的网络平台的网络融合问题和安全问题[2]。K. Romanow、S. Lundstrom[3] 以及宁焕生、王炳辉[4]等认为，在购买的商品上放置 RFID，商家将获得购买者的个人信息，最终将导致个人的隐私泄露。一般而言，人们或组织对物联网技术的安全与隐私感知越强烈，则人们或组织越觉得该项技术不可用，感知安全与感知隐私与物联网技术的感知有用性成负影响关系。据此，本书假设：

H1：消费者或组织对物联网技术的感知安全对感知有用性有显著的负向影响。

H2：消费者或组织对物联网技术的感知隐私对感知有用性有显著的负向影响。

---

① 宁焕生、王炳辉：《RFID 重大工程与国家物联网》，机械工业出版社 2008 年版。

② 杨光、耿贵宁、都婧、刘照辉、韩鹤：《物联网安全威胁与措施》，《清华大学学报》（自然科学版）2011 年第 10 期。

③ K. Romanow，S. Lundstrom，"RFID in 2005：The What is more inportant than the when with Wal-Mart Edict"，AMR Research，Vol. 8，2003.

④ 宁焕生、王炳辉：《RFID 重大工程与国家物联网》，机械工业出版社 2008 年版。

2. 感知收益与感知成本

汪业周认为物联网的基本属性包括技术属性、产业商业属性、社会属性、全息属性和关系属性。其中产业商业属性就是指物联网的商业利益及成本消耗。感知收益是消费者或组织感觉到的应用物联网技术所获得的利益。感知成本是消费者或组织感觉到的应用物联网技术所付出的代价。消费者感觉到应用物联网技术能获得收益，则越倾向于感觉到物联网技术有用。而消费者感觉到应用物联网技术的成本较高，则越不易于感觉到物联网技术有用。同时，消费者感觉到成本越多，则感觉收益越少。因此本书假设：

H3：消费者或组织对物联网技术的感知收益对感知有用性有显著的正向影响。

H4：消费者或组织对物联网技术的感知成本对感知有用性有显著的负向影响。

H5：消费者或组织对物联网技术的感知成本对感知收益有显著的负向影响。

3. 感知易用性

感知易用性是用户主观上认为使用物联网技术所付出努力的程度。消费者或组织感觉到容易使用物联网技术，则越觉得物联网技术有用。针对物联网技术等复杂信息系统的使用消费者或组织较少有选择权的状况，Rawstorne 等[1]和 Karahanna 等[2]提出用象征性接受（Symbolic Adoption）来替代技术接受模型（TAM）中的"行为意愿"。象征性接受是指个人在思想认识上已经对新技术的接受。因为使用者没有使用选择权，个人或组织对物联网技术的象征性接受将会导致实际的使用，因为物联网的使用领域大多是公共管理和行业应用，可以认定大多是偏强制性的，思想上的接受加上组织的推行，实际使用将是顺理成章的事。因此，本书认为消费者或组织对物联网技术的感知易用性和感知有用性对象征性接受有显著的正向影响。因此，本书假设：

H6：消费者或组织对物联网技术的感知易用性对感知有用性有显著

---

[1]　Rawstorne P，Jayasuriya R，Caputi P，"An integrative model of information systems use in mandatory environment"，International Conference on Information Systems，Helsinki，Finland，1998.

[2]　Karahanna E，"Symbolic adoption of information technology"，International Decision Science Institue，Athens，Greece. 1999.

的正向影响。

H7：消费者或组织对物联网技术的感知易用性对象征性接受有显著的正向影响。

H8：消费者或组织对物联网技术的感知有用性对象征性接受有显著的正向影响。

4. 兼容性和便利条件

物联网作为一簇新技术，较多领域全球还缺乏统一的技术标准，《物联网——欧盟行动计划》把"标准化"作为 14 项行动之一，足见技术标准的重要性，物联网的发展具有"标准者得天下"的特点。国内物联网企业或研究机构处于无协同的研发状态，产品不兼容是物联网产品应用推广的一道障碍①。为了降低成本和使用的安全方便，消费者总是更愿意购买兼容性强的产品。同时，由于中部省份的信息化程度较低，信息基础设施较差，信息人才普遍不足，物联网应用对信息化水平和信息能力的高要求，使人们更不易于接受和应用物联网。改善接受与应用物联网技术的便利条件，将有助于物联网技术在该区域的接受与应用。因此，本书假设：

H9：物联网技术的兼容性对象征性接受有显著的正向影响。

H10：物联网技术的兼容性对感知收益有显著的正向影响。

H11：物联网技术的便利条件对象征性接受有显著的正向影响。

H12：物联网技术的便利条件对感知收益有显著的正向影响。

5. 感知有用性与象征性接受

物联网技术的感知有用性取决于人们对物联网技术的感知安全、感知隐私、感知收益与感知成本。加强物联网技术的安全与隐私保护，减少使用物联网技术的成本，增加使用的收益将增加物联网的有用性，进而增强物联网技术的象征性接受。

三 基于结构方程模型的实证分析

（一）问卷设计和前测

本问卷的测试题目参考了国内外成熟的量表，结合物联网的具体情况，本书笔者也设计了部分题目。其中，感知有用性、感知易用性、感知

---

① 刘勇燕、郭丽峰：《物联网产业发展现状及瓶颈研究》，《中国科技论坛》2012 年第 4 期。

安全的测试题目主要参考了 Hossain、Prybutok 以及 Wang，感知隐私、感知成本的题目参考了吴亮①的题目。兼容性、象征性使用、感知收益和便利条件的测试题目主要由笔者设计。问卷采用里克特（Likert）7 分量表。备选答案为完全不同意、趋向于不同意、有些不同意、无法确定、有些同意、趋向于同意和完全同意，分别赋予 1、2、3、4、5、6、7 分值。量表设计好后由几个博士生检查语法、歧义等方面的错误。无误后给 30 名大三本科生测试，测后用 SPSS 16.0 软件进行内部一致性检验，删除一些信度不高的题目，最终得到本书的问卷。

（二）问卷调查

本研究的调查对象主要是南昌高新区电子、通信、软件企业人员，以及南昌大学的大三、大四学生、硕士生、博士生、老师，有一部分调查对象是物联网企业人员。调查时间为 2012 年 10 月至 11 月，调查方式为现场讲解调查、E-mail、邮寄调查等。其中现场讲解调查发放 230 份，回收 200 份；E-mail 发放 80 份，回收 35 份；邮寄 80 份，回收 25 份。有效问卷总共 260 份。有关调查的人口数据统计见表 6.2。

表 6.2　　　　　　　　　　　　调查样本人口数据统计

性别分布		年龄分布		学历分布		职业分布	
性别	分布	年龄	分布	学历	分布	职业	分布
男	73.8%	≤18	0	专科	0	学生	23.5%
女	26.2%	19—30	39.4%	本科	55.2%	大学教师	12.8%
		31—45	30.1%	硕士	26.8%	公司人员	63.7%
		46—60	11.3%	博士	18.0%		
		≥61	19.2%				

（三）问卷信度与效度分析

最常用于衡量信度的指标是 Cronbach'α 系数。曹忠鹏等认为，组成信度（CR）比内部一致性 Cronbach'α 系数能更合理地检测测量变量的信度，故本书同时报告 Cronbach'α 系数和 CR 系数。本研究使用的分析软件为SPSS 16.0。表 6.3 是问卷及各潜变量 Cronbach'α 值，潜变量的 Cronbach'α

---

① 吴亮：《物联网技术服务采纳与个人隐私信息影响研究》，博士学位论文，电子科技大学，2011 年。

系数介于 0.714—0.897，都大于 0.7，问卷整体的 Cronbach'α 为 0.967，同时，组合信度（CR）介于 0.69—0.89，都大于 0.6，表明问卷具有良好信度。

表6.3　　　　　　　　　　　各变量内部一致性信度

研究变量	项目数	CR	Cronbach'α	研究变量	项目数	CR	Cronbach'α
感知有用性	4	0.78	0.833	兼容性	3	0.79	0.873
感知易用性	4	0.86	0.751	感知成本	5	0.73	0.714
感知安全	5	0.69	0.897	感知收益	4	0.81	0.791
感知隐私	5	0.75	0.855	便利条件	4	0.89	0.857
问卷整体			0.967				

效度是指测量工具能够正确测量出所要测量的问题的程度。本研究的问卷参考了知名学者的相关问卷，且以预测试的结果为依据，对问卷进行了相应的修改，然后由相关领域的专家审定，经过上述程序，保证了问卷在理论上具有较高的内容效度。本书以验证性因素分析来验证本研究各项量表的效度。表6.4是各个变量验证性因子分析拟合度指标值，x^2/df 值介于 1.5—6.3，大多在 3—5 的标准值之间。NFI、CFI、IFI、GFI 等值都在较理想（>0.9）的范围之内。对于区别效度，根据 Anderson 和 Gerbing 建议，采用计算各变量的相关系数。相关系数矩阵显示（因数据多未列出），各变量的相关系数绝对值介于 0.35—0.69，并且各相关系数的95% 置信区间都不含有 1.0，表明各个变量是显著不同的概念，区别效度达到要求。同时，各潜变量的标准因子载荷大于 0.5 且达到显著水平，平均方差萃取量（AVE）均超过 0.5。以上说明测量模型具有良好的内容效度、收敛效度和区别效度。

表6.4　　　　　　　　　各研究变量验证性因素分析

研究变量	衡量项目数	标准因子载荷范围	均方差萃取量（AVE）	x^2（df）	NFI	CFI	IFI	GFI
感知有用性	4	0.65 *** – 0.78 ***	0.65	2.235（1）	0.998	0.990	0.980	0.998
感知易用性	4	0.63 *** – 0.86 ***	0.76	17.665（8）	0.931	0.938	0.938	0.969

续表

研究变量	衡量项目数	标准因子载荷范围	均方差萃取量（AVE）	x^2（df）	NFI	CFI	IFI	GFI
感知安全	5	0.62*** - 0.79***	0.63	16.498（8）	0.980	0.986	0.986	0.975
感知隐私	5	0.56*** - 0.76***	0.67	125.880（20）	0.864	0.889	0.870	0.881
兼容性	3	0.78*** - 0.85***	0.74	423.467（80）	1.000	1.000	1.000	1.000
感知成本	5	0.59*** - 0.76***	0.66	53.535（36）	0.851	0.861	0.863	0.911
感知收益	4	0.67*** - 0.78***	0.65	10.385（6）	0.968	0.974	0.974	0.981
便利条件	4	0.76*** - 0.89***	0.79	1.483（1）	0.997	1.000	1.000	0.997

（四）模型分析与结果

1. 结构方程模型

本书采用结构方程模型法进行分析。结构方程模型（Structural Equation Model，SEM）是将未能直观测量但是却要研究的变量作为潜变量，用那些可以直接观察测量的变量去表示上述潜变量，进一步确立起潜变量相互之间的关系，也就是结构[1]。结构方程模型是一种从理论假设出发，设计问卷进行调查以获取数据，验证理论假设是否成立的一种验证性因子分析方法。结构方程模型具有以往的统计方法所不具有的优点：允许变量存在测量误差，可以同时估计几个变量之间的关系，可以通过路径图直观的表示变量之间的关系等。本研究中各个潜变量之间的关系极为复杂，同时限于被调查者对物联网的了解，通过问卷填写所得到的数据一定存在误差，常见的分析方法如相关分析、联立方程等未能解释测量中的误差，但是结构方程模型（SEM）既能边估计边解释测量误差，也能分析潜变量相互间的关系[2]。所以本研究采用结构方程模型法进行分析。

2. 模型拟合度分析

验证理论模型的样本数据是否支持所提出的假设，学界用拟合度来衡量。目前，还没有某一个拟合度指标可以独自评估理论模型与样本数据的

---

① 易丹辉：《结构方程模型方法与应用》，中国人民大学出版社 2008 年版。

② 谢洪明、张霞蓉、程聪、陈盈：《网络关系强度、企业学习能力对技术创新的影响研究》，《科研管理》2012 年第 2 期。

拟合度，大多是几个指标综合起来考察。Bolen[1] 和 Gefen[2] 提出一个理想模型的接受标准，即 NFI、CFI、IFI、TLI 和 GFI 大于 0.9，而可以接受的标准是上述各项拟合度指标在 0.7—0.9，RMSEA 小于 0.08。Steiger（1985）[3] 认为 RMSEA 低于 0.1 表示好的拟合，低于 0.05 是非常好的拟合。而我国学者易丹辉[4]认为，拟合指数的主要作用是测量问卷调查数据和所构建的理论模型的适配程度，并不能当作唯一标准而去判断所构建的理论模型成立与否。依据修正指数（M.I.）进行多轮修正，本研究模型与调查数据的拟合度指标数据见表 6.5。表中的拟合度数据表明，理论模型的拟合度已经达标，但是并不高。不过，从路径系数或载荷系数来看，理论模型的各项系数符合理论和现实的物联网应用的状况，具有较强的合理性。此外，本模型待估计的参数多达 100 多项，而样本量只有 260，根据样本数必须是参数的 5—10 倍的原则，本研究的样本数严重不足，从而导致了模型的拟合度数值偏低。相信如果样本量足够大，各项拟合指标可以达到较理想的效果。

表 6.5 　　　　　　　　　　　　**模型拟合度指标数据**

拟合度参数	x^2	x^2/df	NFI	CFI	IFI	TLI	GFI	RMSEA
本模型值	1871.835	2.802	0.839	0.852	0.875	0.832	0.823	0.083

表 6.6 是模型各项假设的分析结果，表 6.7 是路径标准化系数。从表 6.6、表 6.7 的数据显示，象征性接受主要是受便利条件和感知有用性的影响，而兼容性和感知易用性对象征性接受没有影响，H7、H9 未获得通过，而 H11、H8 得到支持。便利条件对象征性接受的标准化路径系数高达 0.829（p<0.001），表明影响人们物联网技术接受的主要因素是便利条件。而感知有用性对象征性接受的标准化路径系数是 0.145（p<0.05），表明感知有用性对人们的物联网接受也具有相当的影响。感知易用性和兼容性对象征性接受没有影响。

---

① K. Bolen, "Structural Equations with Latent Variables", Wiley, New York, NY, 1989.

② D. Gefen, D. W. Stranb, M. C. Boudreau, "Structural Equations Modeling and Regression: guidelines for research practice", Commucations of AIS, 4, Articles 7, 2000.

③ Steiger J. H, Shapiro A, Browne M. W, "On the multivariate Asymptotic Distrhbution of Sequential Chi-spuare Statistics》, Psychometrica, Vol. 50, 1985.

④ 易丹辉：《结构方程模型方法与应用》，中国人民大学出版社 2008 年版。

表 6.6 模型路径系数

假设（路径）	估计值（Estimate）	S. E.	C. R.	P	假设	验证
感知收益←感知成本	−0.012	0.050	−0.244	0.807	H5	未通过
感知收益←便利条件	0.809	0.081	9.934	0.000	H12	***
感知收益←兼容性	0.175	0.052	3.364	0.001	H10	***
感知有用性←感知安全	0.156	0.051	3.070	0.002	H1	**
感知有用性←感知隐私	0.057	0.047	1.233	0.218	H2	未通过
感知有用性←感知收益	0.504	0.075	6.755	0.000	H3	***
感知有用性←感知成本	−0.078	0.052	−1.498	0.134	H4	未通过
感知有用性←感知易用性	0.485	0.083	5.826	0.000	H6	***
象征性接受←便利条件	0.836	0.080	10.459	0.000	H11	***
象征性接受←感知易用性	0.065	0.061	1.066	0.286	H7	未通过
象征性接受←兼容性	0.001	0.042	0.022	0.982	H9	未通过
象征性接受←感知有用性	0.148	0.067	2.195	0.028	H8	*

说明：[1]*** 表示显著水平 $p < 0.001$，** 表示显著水平 $p < 0.01$，* 表示显著水平 $p < 0.05$
[2] 上文中假设感知安全对感知有用性的作用是负向的，而数据显示它们之间的作用是正的，但是通过了检验，所以表中在"验证"写"**"。

3. 模型分析结果

本研究使用 Amos 4.0 软件进行测试，使用最大似然法（ML）进行参数估计，故必须对各个观测变量所测数据是否符合正态分布进行检验。结果显示，34 个显变量的 Skewness 系数的绝对值介于 0.007—2.295，均小于 3，Kurtosis 系数的绝对值介于 0.049—6.046，均小于 10，符合正态分布。

表 6.7 模型路径标准化系数

路径	标准化系数	路径	标准化系数
感知收益←感知成本	−0.016	感知有用性←感知成本	−0.099
感知收益·便利条件	0.833	感知有用性←感知易用性	0.475
感知收益←兼容性	0.196	象征性接受←便利条件	0.829

路径	标准化系数	路径	标准化系数
感知有用性←感知安全	0.178	象征性接受←感知易用性	0.062
感知有用性←感知隐私	0.072	象征性接受←兼容性	0.001
感知有用性←感知收益	0.496	象征性接受←感知有用性	0.145

物联网技术的感知有用性的影响因素方面，H3、H6 假设得到了支持，表明人们对物联网技术的有用性感知主要受收益感知和易用性感知的影响。感知收益对感知有用性的标准化路径系数为 0.496（p < 0.001），感知易用性对感知有用性的标准化路径系数为 0.475（p < 0.001），两者在统计上非常显著。而感知隐私、感知成本对感知有用性没有影响。影响感知有用性的另一个因素是感知安全，但是原来假设感知安全对感知有用性的影响是负的，但是数据显示它们之间的影响是正向的，与常理相悖。

物联网技术的感知收益的影响因素方面，数据显示，便利条件和兼容性对感知收益非常显著，H12、H10 得到支持，表明便利条件和兼容性是影响物联网技术感知收益的主要因素。便利条件对感知收益的便准化路径系数为 0.833（p < 0.001），表明为物联网技术的应用提供便利对人们的感知收益具有将强的影响。同时，物联网技术的兼容性对感知收益也具有相当影响，其标准化路径系数为 0.196（p < 0.001）。而感知成本对感知收益的影响虽然符合假设，但是其路径系数很小（-0.016），H5 未得到支持，感知成本不是影响人们对物联网技术的感知收益的主要因素。

间接影响方面，虽然感知易用性不是象征性接受的主要影响因素，但是其对感知有用性的标准化路径系数为 0.475（p < 0.001），表明其通过影响人们的物联网技术有用性感知对物联网技术的接受具有影响。同样，兼容性对象征性接受没有直接的影响，但是其对感知收益的标准化路径系数是 0.196（p < 0.001），表明其通过影响感知收益然后影响感知有用性，由感知有用性影响人们的物联网接受和应用。

4. 模型解释度分析

通过对复相关系数（R^2）验证结果表明，本模型对象征性接受的解释水平达到了 71.2%，对感知有用性的解释度达到了 51.8%，对感知收益的解释度达到了 73.2%，远超过使用 TAM 模型 40% 左右的解释水平，说明本模型较强的解释度和合理性。

（五）结论

上述分析结果显示，便利条件、感知有用性对象征性接受的影响作用假设完全得到支持，兼容性、便利条件对感知收益的假设得到支持，感知收益、感知易用性对感知有用性的假设得到支持。

首先，便利条件对象征性接受的影响得到支持，表明形成期中部地区政府、企业、社会对物联网技术接受与应用的支持是促使物联网发展的最主要因素，这和我国的物联网技术发展和应用的"政府主导型"的现状相吻合。研究显示，便利条件不但直接影响象征性接受，而且通过影响感知收益间接影响感知有用性，进而影响象征性接受。

其次，感知有用性对物联网技术的接受与应用有着直接的影响。感知有用性作为技术接受模型的一个关键决定因素，在本研究再次得到证实。感知易用性对象征性接受没有直接的影响，这和以往的对复杂系统如ERP等的研究中得到一样的结论。但其还影响着感知有用性，间接影响象征性使用。

此外，感知收益影响对物联网技术的有用性感知，尤其适用于企业用户。企业看中的是使用物联网技术的利润，如果物联网应用能够使企业盈利，他们会大规模使用物联网。便利条件和兼容性都能够直接影响感知收益，因此，多为企业提供应用物联网的便利，以及物联网产品之间相互兼容能明显降低使用的成本，提高使用的感知收益。

第三节　培育物联网应用能力

上述研究表明，便利条件对象征性使用、便利条件对感知收益、感知收益对感知有用性、感知有用性对象征性接受、感知易用性对感知有用性的假设通过验证并且标准化系数较高，表明便利条件、感知收益、感知有用性、感知易用性4个因素是影响物联网接受和应用的主要因素，应从上述4个因素出发，培育人们对物联网的应用能力。

一　政府、社会提供使用物联网的便利

硬件方面，大力降低信息资费，加强信息基础设施建设，缩小中西部地区与发达东部地区的"信息鸿沟"，提供应用物联网技术的便利条件。目前，全国的信息基础设施相差巨大，中西部信息基础设施落后，因此，

大力加强信息化网络基础设施建设是解决物联网接受与应用瓶颈问题的关键。物联网的基础网络包括互联网、移动通信网和无线传感网（Wireless Sensor Network，WSN），目前的电信网络是物联网工作的主要通道。大力降低上网资费，这样人们才有条件使用信息化层次更高的物联网。实际上，西方发达国家人们的物联网应用的前提是：信息技术接入成本在他们的生活中可以忽略不计，而信息收益则远远超出了信息成本。由此可见，大力降低包括网络通信费用在内的信息费用是对物联网应用的有力支持。很多地区的入网资费、接入设备资费、信息设备资费偏高，原因是使用者数量少，这种状况下对信息设备及服务提供者提供补贴是国外常见的做法。政府适当地对物联网软、硬件提供商提供补贴，让物联网制造、服务企业在降低相关费用的同时又有利可得，同时减少人们利用物联网的成本，相应也就提高了感知收益。当前，政府对物联网企业用于科技投入的财政资助主要投向是科技创新活动、基础性的科技服务活动以及支持科技成果转换和产业化开始阶段的启动项目①。实际上，物联网产业是典型的靠应用拉动发展的产业，应平衡科技创新补贴与应用补贴，使应用项目也能得到政府的补贴。

软件方面，通过培训等方式培养、提高人们的信息能力。我国城乡之间的信息能力相差很大。城市由于人们的教育程度高，各种设施完善，经济条件较好，人们的信息获取能力也较高；与城市相比，广大农村地区人们的信息能力偏弱，经济条件差，留守在农村的大多是老人和小孩，信息意识淡薄，信息的传播还停留在传统的电话等形式，这与我国的新农村建设极不相称。通过培训的办法提高广大农村地区人员的信息能力。可以先通过培训农村中小学教师，提高他们的信息意识和信息能力，接下来通过中小学教师带动广大的农民，教授信息获取的方法，提高信息意识。

便利条件对人们使用物联网的感知收益也影响较大，而感知收益又影响物联网感知有用性，感知有用性影响物联网的象征性接受，因此，便利条件对整个物联网的接受与应用的效应是深远的。哪怕是提供很小的便利，就像是多米诺骨牌效应一样，一个很小的初始能量就可能产生一连串的连锁反应，因此，在物联网应用能力的培育过程中，提供小的便利能产

---

① 何家凤：《我国物联网产业财政补贴政策效应研究——基于上市公司的经验数据》，《中央财经大学学报》2012 年第 9 期。

生大的应用需求，提供较多的便利则能激发人们、企业等物联网消费者巨大的需求潜能，重视物联网使用条件的改善，将对提高物联网应用能力产生事半功倍的效果。

二　提升感知收益

利用电信运营商的各种网络和设备，避免重复建设，降低感知成本，从而提升感知收益。目前使用物联网产品的成本很高，原因之一是很多地区、行业和企业自建网络、自行研发、自己设计、自成体系，以及物联网产品兼容性较差，抬高了使用物联网产品的成本，相应减少了使用物联网产品的收益。采用以政府为主导的、以系统集成商和电信运营商为核心的业务形态有利于把握好物联网产业发展的机遇，整合资源，打造物联网产业高地①，至少可以避免网络重复建设，降低感知成本，提升感知收益。此外，感知收益还影响着人们对物联网产品的有用性感知。兼容性影响感知收益。因此，要从源头上提升人们的感知收益，提升物联网产品的兼容性刻不容缓。当前，物联网产品的兼容性差使消费者不敢大胆使用，结果是物联网产品消费者增长缓慢，消费者增长乏力与规模使用背道而驰。工信部在 2012 年 2 月出台的《中国物联网"十二五"发展规划》②"指导思想"中明确指出："加强统筹规划，促进协同发展。"其中"协同发展"包括整合各地区、同行业物联网企业、产业链上下游企业的资源进行协同创新，这样不但可以减少企业发展的成本，还可以提高创新的效率，而且更为重要的是，可以加强物联网产品的兼容性。物联网产品的兼容性提升后，感知收益则相应提升，最后增强人们对物联网产品有用性的感知，为物联网应用打下坚实的基础。

三　增强物联网技术的有用性感知和易用性感知

让人们感觉到物联网技术对生活的便利和管理效率的提高是非常重要的。加强物联网技术对人们生活便利的示范作用，多点多地建立物联网示范工程，组织人们、宣传单位对发展较好的物联网工程进行体验。表 6.8 是 2011 年国家推出的 10 大物联网示范工程。从表中可以看出，示范工程

---

① 范鹏飞、焦裕乘、黄卫东：《物联网业务形态研究》，《中国软科学》2011 年第 6 期。

② 《中国物联网"十二五"发展规划》：http：//www.tsiot.com。

中大多数是在交通、公共安全、环保、农业等领域的应用，而与消费者生活密切相关的示范项目较少。要在小区、公共场所等与对人们生活紧密联系的场所多布置物联网示范应用，让人们切实感受到物联网对人们生活的用处，消除人们使用物联网技术的畏惧感，增强感知易用性。例如，厦门等城市的智能公交就是很好的应用，人们在等待公交车时只要输入等车地点，手机自动告诉乘客离他最近的公交车号以及到达本站的时间，增强了人们出行的便利程度，增强了物联网的有用性感知。

表 6.8　　　　　　　国家在 2011 年推出的 10 个物联网示范工程

示范名称	依托单位
基于物联网的城市智能交通应用示范	广州交通信息化建设投资营运有限公司
长三角航道网及京杭运河水系智能航运信息服务物联网应用示范	北京中交通信科技有限公司
城市社会公共安全物联网应用示范	公安部
环保物联网应用示范	环境保护部
北京设施农业物联网应用示范	北京市农业局
黑龙江垦区种植业生产物联网应用示范	黑龙江农垦总局
智能林业物联网应用示范	林业局
无锡市综合物联网应用示范	无锡市政府
无锡市养殖业物联网应用示范	无锡市农业委员会
物联网标准体系建设及关键技术标准研制	中国电子技术标准化研究所

资料来源：中国科学院国家科学图书馆成都分馆、中国科学院成都文献情报中心网站。

加强对示范工程的宣传报道，特别是利用影响力较强的新媒体进行宣传，开通物联网应用官方微博。同时，技术研发人员多开发与人们生活息息相关的领域的物联网产品应用，降低使用物联网技术的难度，增强物联网技术的易用性，从而促进物联网的使用。

本 章 小 结

本章首先强调了物联网产业发展中物联网技术应用的重要性，然后在技术接受模型（TAM）的基础上，结合物联网技术本身的特点和我国不同区域的信息化发展差距较大的现状，构建了解释物联网技术接受和应用的物联网技术接受和应用模型（I_0T-TAM），利用问卷调查所得的数据，实证分析了物联网技术接受和应用的主要影响因子：便利条件、感知收益、感知有用和感知易用。根据上述主要影响因子提出培育物联网应用能力的建议。

第七章 江西物联网产业发展的思考

第一节 江西简介

江西，简称为赣，位于长江中下游南岸，中国东南部，属江南地带。东临浙江、福建，南嵌广东，西连湖南，北毗湖北、安徽而共接长江。江西自古以来物产富饶、人文荟萃，文物古迹、风景名胜众多。庐山、滕王阁、三清山等闻名海内外。境内最大河流为赣江，自南向北纵贯全境，注入中国第一大淡水湖——鄱阳湖，江西省森林覆盖率达 63.1%，居中国第二。江西总面积为 16.69 万平方公里，人口 4503.93 万。

江西 2011 年全省生产总值为 11583.8 亿元，全社会固定资产投资为 11020 亿元，财政总收入为 1645 亿元，其中地方财政收入 1053.4 亿元。社会消费品零售总额 3457.7 亿元，城镇居民人均可支配收入 17495 元，农民人均纯收入 6892 元。

江西境内的工业主要有铜产业、钢铁产业、汽车产业、钨产业、稀土产业、食品产业等传统产业，正在大力发展新能源、新材料、生物医药、民用航空、新动力汽车等战略性新兴产业，大力发展旅游业，优先发展的生产性服务业有银行、证券、保险、现代物流业等产业，拓展提升商贸服务、房地产、社区服务业等生活性服务业，积极培育服务外包产业、节能环保服务业、生命健康产业、地理信息服务产业等新兴服务业。

鄱阳湖生态经济区正努力建设为中国经济强区，全国大湖流域综合开发示范区，加快中部地区崛起的重要带动区，以及中国经济增长极长江中游城市群组成部分。

第二节 江西物联网产业发展基础

物联网产业是一种综合产业，主要以信息产业、通信产业等作为基础，涉及软件、传感器、感应器、RFID、芯片制造、芯片封装、通信网络、互联网络、系统集成、云计算等较多的产业。而域名、IPv4 和 IPv6 地址、软件、手机普及率和电子信息制造业与物联网产业的发展联系密切。

一　互联网 IPv4、IPv6 地址

物联网产品的应用主要依靠包括互联网、GPRS/CDMA/TD-SCDMA、无线传感网等无线网络为通道进行传输海量数据，互联网是目前物联网传输的主要通道。因此，考察物联网产业的发展基础，互联网的状况是重要部分。

根据中国互联网络信息中心（CNNIC）的调查，IPv4 地址作为互联网的基础资源，截至 2012 年 7 月，江西总共占有全国的 1.77%，而同处于中部地区的湖南、湖北、安徽、河南、山西的数量分别为全国的 2.41%、2.43%、1.68%、2.67%、1.30%，江西的占有量仅仅略微高于安徽和山西，江西的占有量只是北京的 1/15，广东的 1/6，浙江的 1/3，山东和江苏的 1/3，从江西近几年的 IPv4 地址、拥有的域名数占有全国总量的比例来看，呈现出明显的下降趋势（见图 7.1、图 7.2）。而这段时间正是各地物联网产业发展的黄金时间。北京、上海、江苏、浙江和广东所占有的 IPv4 和域名数呈现明显的上升趋势。

而另一方面，物联网产业发展更加依赖的是下一代互联网即 IPv6。未来任何一个需要连接物联网的物品都需要有一个表征自己身份的 IPv6 地址，IPv6 地址是发展物联网产业极为关键的资源。如果在 IPv4 地址的拥有量上江西比其他省市少暂且告一段落，但是对于 IPv6 地址，江西本应该积极申请，但是，截至 2012 年 6 月 26 日，江西没有单位或组织申请了 IPv6 地址，显示出江西省的物联网产业发展意识淡薄的现状。

二　软件产业

物联网产业需要相应的软件系统的支撑。物联网三层架构中的感知层需要微操作系统、嵌入式操作系统、实时数据库、运行集成环境、信息安全软件、组网通信软件等产品的支撑，而应用层（处理层）需要网络操作系统、数据库、中间件和信息安全等[①]的支撑。如果感应器等信息感知

---

① 　范鹏飞、焦裕乘、黄卫东：《物联网业务形态研究》，《中国软科学》2011 年第 6 期。

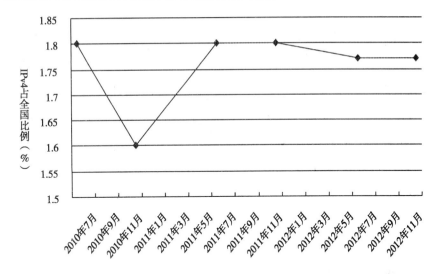

图 7.1　江西 2010.7—2012.12 拥有的 IPv4 地址占全国比例

数据来源：第 26—31 次中国互联网络发展状况统计报告。

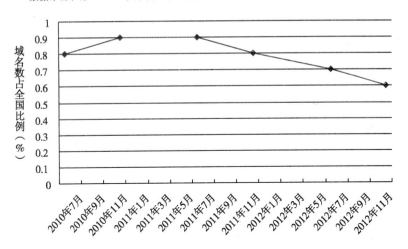

图 7.2　江西 2010.7—2012.12 拥有的域名占全国比例

数据来源：第 26—31 次中国互联网络发展状况统计报告。

设备和传输通道是物联网的躯壳，那么软件就是物联网的血液。良好的软件产业基础能够培育出较强竞争力的物联网产业。2012 年 1—12 月，江西省的软件企业为 96 家，而安徽为 136 家，湖北为 847 家，湖南为 584 家，广东为 4167 家，江苏为 3770 家，北京为 2752 家，江西为广东的 1/44，江西软件业的薄弱家底一览无遗（见图 7.3）。

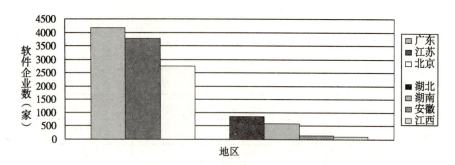

图7.3 广东、江苏、北京与湖北、湖南、安徽和江西软件企业数对比
数据来源：工业与信息化部网站。

三 手机普及率

物联网产业的传输层主要是依靠已有的互联网络和现在正在广泛推广的3G网络完成数据的传输业务的。畅通、发达的有线或无线网络能够更加便捷地传输数据，提供更加舒适的物联网服务。中国互联网络信息中心（CNNIC）发布的《第31次中国互联网络发展状况统计报告》显示，截至2012年12月，我国的网民规模达到5.64亿，其中手机网民4.2亿，占全体网民的74.46%。网民中的绝大多数是手机网民，而物联网产业的发展就是靠大量的无线终端提供便捷的物联网服务，因此手机的普及率能很好地衡量地区通信业为物联网产业提供的支持程度。江西与其他中部省份以及发达区域省市每百人拥有手机数对比见图7.4。

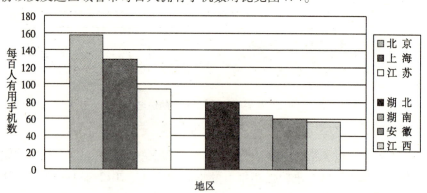

图7.4 北京、上海、江苏与湖北、湖南、安徽和江西每百人拥有手机数对比
数据来源：工业与信息化部网站。

四　电子信息制造业

电子信息制造业本身属于物联网产业的组成部分，如射频识别（RFID）、传感器、全球定位系统（GPS）、摄像头、二维码等产业，电子信息制造业是物联网产业的身躯。物联网只有"身体好"才能有较强的造血功能。电子信息制造业的发展状况可以作为衡量物联网产业发展基础的硬指标。2012 年 1—12 月广东、北京、江苏、湖北、湖南、安徽与江西规模以上电子信息制造业销售产值对比情况见图 7.5。从整体上看，2012 年 1—12 月江西的电子信息产业的销售产值处于中部几个省份的平均水平，但是与发达地区的广东、江苏有较大的差距。

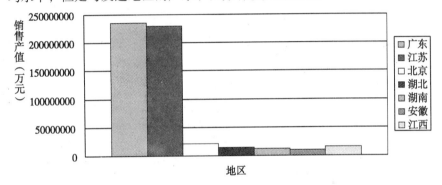

图 7.5　广东、江苏、北京、湖北、湖南、安徽与江西
2012 年 1—12 月规模以上电子信息制造业销售产值对比

数据来源：工业与信息化部网站。

五　云计算产业

物联网的另一个重要支持产业是云计算产业。实际上，物联网和云计算之间存在着密切的关系，而且随着物联网技术的继续深入发展，其对云计算的需求也将日渐增加，两者的融合也将更加地紧密①。美国政府不断加大对物联网产业的资金投入力度，每年拿出 200 亿美元用于支持云计算产业，其资金规模占到财政预算 IT 项目支出的 25%。江西 2011 年 5 月在南昌高新区正式启动云计算项目计划"江西鄱湖云"，预计投资将达到 2

---

① 《"十二五"我国物联网发展需要注意若干问题》，http://data.ccidconsulting.com/ei/zyxw/webinfo/2012/02/1329182094174336.htm。

亿元。但是从云计算产业先行地区来看，这个投资显然相对较少。图 7.6
是中国云计算基础设施产业投资规模，图中显示，中国的云计算基础设施
投资主要集中于北京、天津、江苏、浙江、广东等经济发达地区，经济欠
发达地区如四川、陕西等也有不错的表现。江西、湖南、湖北、安徽和河
南五省中，江西和河南表现欠缺，江西在物联网的支持产业布局中，再一
次暂时输在起跑线上，这对物联网的发展多少造成"先天不足"。

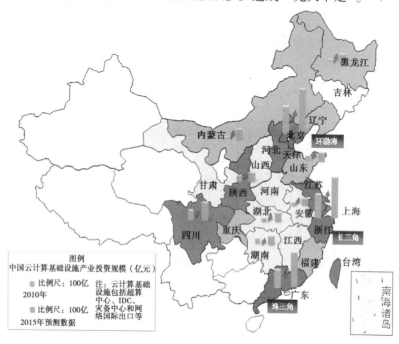

图 7.6　中国云计算基础设施产业投资规模

资料来源：赛迪顾问：《云计算产业数据库》2011 年 4 月。

六　基于"钻石模型"的物联网产业发展环境分析

（一）生产要素

生产要素包括人力资源、天然资源、知识资源、资本资源和基础设
施。而波特认为，在上述的生产要素中，基础设施和自然资源等资源是初
级生产要素，而人力资源和知识资源等资源是高级生产要素，在现代产业
竞争力的形成过程中起着更为重要的作用。物联网产业作为战略性新兴产
业，在其发展过程中人力资源和知识资源将起着更为决定性的作用。下面
主要对人力资源、知识资源以及基础设施进行分析。

物联网产业是知识密集型产业，研究开发人员的数量和质量直接影响着物联网产业发展的后劲。从表 7.1 可以看出，江西与其他四个省的科研机构数上相差不大，但是从业人员的数量只是安徽的 77.12%，河南的 51.5%，湖南的 89.6%，湖北的 46.9%。而从业人员当中，江西有博士学位的人数只占五省总和的 3.24%，湖北省拥有五省总和的一半以上。江西有硕士学位的人数只占五省总和的 7.84%，湖北省拥有五省总和的 1/3 以上。无论是数量和质量上，江西在五省中都处于相对较弱的状态，尤其在高素质人才数量上，差距很大。而与东部等发达省份差距更大。

表 7.1　　　　　江西、安徽、河南、湖南、湖北五省研究与
开发机构 R&D 人员情况比较（2010）

省份	机构数（个）	从业人员（人）	硕士毕业（人）	占五省总和的比重（%）	博士毕业（人）	占五省总和的比重（%）
江西	112	11791	735	7.84	83	3.24
安徽	111	15289	1627	17.37	519	20.29
河南	125	22855	2435	25.99	315	12.31
湖南	132	13158	1082	11.55	226	8.83
湖北	157	25096	3487	37.23	1414	55.29

资料来源：中国科技统计年鉴 2011。

物联网产业集合了 RFID、感应器、传感网、M2M、智能处理、SOA、云计算以及芯片制造、中间件等软硬件诸多技术，是高新技术的集群，上述技术的知识资源的存量则是物联网技术产业发展创新的基础。国内高新技术创新的集中地无不是物联网产业发达的地区。如无锡建有"感知中国"中心和中国物联网研究发展中心，北京有中关村物联网产业联盟和中国传感（物联）网技术产业联盟，上海有上海电子标签与物联网产学研联盟和中国射频识别（RFID）产业技术创新联盟等。一个地区的相关机构专利申请授权的数量能很好地体现这个地区知识创新的状况。表 7.2 给出了江西及其他四省 2009 年的专利授权数。

表7.2 江西、安徽、河南、湖南、湖北五省
国内专利申请授权数比较（2010）（单位：件）

年份	1995	2000	2005	2006	2007	2008	2009
江西	509	1072	1361	1536	2069	2295	2915
安徽	574	1482	1939	2235	3413	4346	8594
河南	1145	2766	3748	5242	6998	9133	11425
湖南	1515	2555	3659	5608	5687	6133	8309
湖北	1017	2198	3860	4734	6616	8374	11357

资料来源：中国科技统计年鉴2011年。

从表7.2可以看出，江西的国内专利申请授权数明显落后于其他省份，并且有差距逐年增大、所占五省总和的比重逐年减少的趋势（见图7.7）。1995年江西的专利数是安徽的88.6%，是河南的44.4%，是湖南的33.5%，湖北的50%。而到了2009年，江西的专利数是安徽的33.9%，是河南的25.5%，是湖南的35.0%，是湖北的25.6%。五省的区域位置和天然条件大致相近，而科技创新的差距却很大。有问卷调查显示，影响我国物联网产业发展的主要生产因素"瓶颈"是人才和关键技术这样的知识资源①。而江西要在新一轮的战略性新兴产业中有所突破，加强高新技术创新是增强江西物联网产业竞争力的基础。基础的厚薄直接决定产业的竞争力。

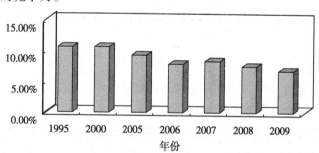

图7.7 江西省各年专利数占五省总和的百分比趋势

（二）需求条件分析

波特认为，国内市场的需求是刺激产业进行持续创新的动力。而如果国内的客户非常挑剔，产业只有通过创新创造更加符合个性需求的产品或提供更加符合个性需求的服务，才能立于不败之地。市场容量的大小决定

① 王建平、曹洋、史一哲：《物联网软件产业链研究》，《中国软科学》2011年第8期。

产业发展的规模，市场运作机制决定产业的运作形式。在当今全球化发展的过程中，市场需求应该包括国内和国际市场。因此，要促进产业竞争优势的形成，必须注意国内和国际市场的需求结构，要善于满足老练而挑剔的客户的要求，要能够预期需求的走向①。根据赛迪顾问的预测，到2013年，中国物联网市场规模将达到4896亿元，未来3年中国物联网市场增长率都将保持在30%以上。而到2020年，市场规模将超过10000亿元，中国的RFID和M2M终端市场在全球占据重要市场量，有利于产业竞争力的培育。江西省在鄱阳湖生态经济区的建设和中央苏区经济振兴中，在加快经济结构调整和转变经济发展方式的进程中，需要物联网技术改造和提升传统产业。在智能交通、智能电力、智能医疗、智能物流和智能工业等领域有着广泛的运用。同时江西作为一个农业大省和森林覆盖率位居全国前列的省份，智能农业、智能水利和智能环保的应用也将非常广泛。但是江西消费者的收入、消费水平和受教育水平普遍低于全国平均水平，他们对技术和产品的要求不如发达地区的消费者高，这不利于江西物联网竞争力的提升。

（三）相关及支持产业

波特认为，相关和支持产业越具有竞争力，越易于培育该产业竞争优势。物联网产业涉及的相关和支持产业很多。根据物联网的DCM三层架构（即Device——设备，Connect——连接，Manage——管理），物联网产业涉及末端设备如RFID、传感器等产业、有线和无线网络、中间件和应用软件等产业，同时还有处理大量终端设备产生的数据的云计算平台，包括SaaS、PaaS和IaaS。而软件产业和云计算产业是物联网产业的极其重要的支撑，这两种产业的发展情况会直接影响到物联网的发展。表7.3给出了江西、安徽、河南、湖南、湖北信息传输、计算机服务和软件城镇固定资产投资数据。

表7.3　　　　江西、安徽、河南、湖南、湖北信息传输、计算机
服务和软件城镇固定资产投资比较　　　　（单位：亿元）

年份	江西	安徽	河南	湖南	湖北
2009	49.2	91.1	74.3	101.5	69.3
2008	32.4	57.4	53.8	84.6	62.5

① 高雪莲、翟启江：《基于钻石模型的集群竞争优势的比较研究：张江、新竹与筑波的案例》，《中国科技论坛》2009年第11期。

续表

年份	江西	安徽	河南	湖南	湖北
2007	62.4	46.0	58.3	63.7	54.5
2006	66.4	33.6	65.0	52.8	49.6
合计	210.4	228.1	251.4	302.6	235.9

　　资料来源：中国统计年鉴2007—2010年，经整理而成。

　　从表7.3可以看出，江西在五省中的软件等相关投资额在近几年是比较少的。在2006、2007年两年领先于其他四省，而在物联网发展迅速的2008、2009年两年中，江西的投资明显落后于其他四省（见图7.8），这在江西的基础比较薄弱的状况下，显然不利于江西的物联网的相关及支持产业的发展。软件是物联网的灵魂，物联网产业需要很多应用软件和中间件的支撑，因此，只有加大软件业的扶持力度，加强物联网软件的开发力度，江西才能够在新一轮的产业发展博弈中有良好的表现。

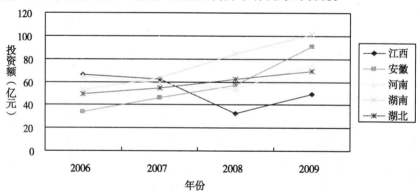

图7.8　江西、安徽、河南、湖南、湖北信息传输、计算机服务和软件城镇固定资产投资比较

　　（四）企业战略、结构和同业竞争

　　物联网产业涉及一条很长的技术和产业链。至少包括传感器和芯片制造商、应用设备提供商、网络提供商、软件及应用提供商、系统集成商、物联网运营商到最终用户的产业链。因此，任何一家从事生产或提供单一或多种物联网产品或服务的企业都无法包揽物联网产业的所有技术，提供所有的物联网的产品或服务，而是物联网供应链的成员之一。鉴于此，物联网产业的竞争实质上是供应链和供应链之间的竞争。目前以中国移动、中国联通和中国电信为核心的物联网产业便是如此。在这种庞大的供应链之间的竞争中，物联网产业联盟发挥着重要的作用，或者说物联网产业联盟就是物联网产业供应链的体现。物联网产业联盟是一个以企业为主体，政府引导，用户牵引，研究所与大学深度参与的技术产业联盟，联盟将为物联网产业化提供技术服务，实现标准制定、技术进步和产业跨越发展的整体突破[①]。因此，在部署和提升物联网产业的规划中，要注重物联网产业联盟的组建，注重发挥联盟的集体力量。例如，北京有中关村物联网产业联盟、中国传感（物联）网技术产业联盟，重庆有中国移动全国 M2M 运营中心、全国 M2M 产业基地，武汉有射频识别创新技术联盟等。

　　此外，中国的物联网产业的发展主要是以政府主导为主，政府在产业的培育、发展以及壮大中发挥着不可或缺的作用，这也是中国物联网产业竞争的特征之一。在物联网产业发展的培育期与成长初期阶段，政府在资源配置中有其独特的作用，但是市场才是效率最高的资源配置方式。因此，妥善处理政府与市场之间的关系，适时地引进民间资本或外资进入该产业，在物联网产业发展中值得重视。

　　（五）机会和政府

　　在波特的"钻石模型"中，机会和政府是作为外生变量通过四个主要因素而发挥作用的。机会是地区、国家乃至全球的政治、经济等环境对产业发展的影响。在物联网产业的发展中，政府起着极其重要的主导作用。全球经历了 2008 年的金融危机，各国政府普遍把物联网作为后危机时代经济增长的引擎而提升为国家的战略。我国政府十分注重物联网产业未来的发展，将其作为战略性新兴产业之一列入《国家中长期科学技术发展规划（2006—2020 年）》和 2050 年国家产业路线图。各地也纷纷出台相关的政策鼓励物联网产业的发展。例如山东出台了《山东省物联网产业发展规划纲要（2011—2015）》，浙江出台了《浙江省物联网产业发展规划纲要（2010—2015）》，深圳市出台了《深圳推进物联网产业发展行动计划（2011—2013 年）》，石家庄市出台了《关于推进物联网产业发展的实施意见》等。江西目前还没有制定针对物联网的专门规划。

七　江西物联网产业发展基础结论

　　从上述江西 IPv4/IPv6 地址、软件产业、手机普及率、电子信息制造

---

　　① 王斌义：《基于 A-U 模型的物联网产业跨越式发展研究》，《科技进步与对策》2010 年第 24 期。

业和云计算产业的具体发展情况，以及物联网产业的发展环境来看，江西发展物联网产业的基础十分薄弱。

比较优势理论认为，区域在发展、选择产业时应该考虑本区域具有比较优势的产业，这样在竞争中才具有优势。我国学者金碚认为，比较优势和竞争优势是相互转换的。具有比较优势的产品一般具有较强的竞争优势，而较强竞争优势反过来又会促使资源、人才向集中区域聚集，形成"强者愈强"的竞争局面，从而增强产品的比较优势。赛迪顾问发布的《中国物联网产业地图白皮书（2011年）》的研究结果表明，我国的物联网产业发展呈现的发展态势之一就是"产业发展'强者愈强'，资源要素将继续向优势地区汇聚集中"。这意味着发达地区物联网产业的发展将更加的强劲，欠发达地区与发达地区的物联网发展"区域鸿沟"将更大。

上述现状分析似乎表明江西不具有发展物联网产业的基础。但考察历史上的战略性新兴产业，如互联网，尽管它的发迹始于美国，但是现在互联网的足迹踏遍全球的每一个角落，不管美国之外的国家当时的产业规划中有没有选择互联网产业，它都将改变人们的生活、生产方式而影响深远。再比如，早在19世纪的钢铁产业，也是当时的战略性新兴产业，尽管中国当时未正视它，但是现在的各行各业都离不开钢铁，钢铁制造的产品无处不在。上述例子说明，尽管欠发达地区目前发展物联网产业的优势条件不明显，但是物联网产业作为战略性新兴产业，对该产业早一点谋划是正确的选择。只是鉴于物联网产业发展基础的不同，所选择的发展道路也不同。物联网产业基础比较薄弱的地区，当地政府应该以超常规思维来谋划物联网产业的发展。

第三节　对江西发展物联网产业的思考

根据本书第三到六章的研究，得到基于竞争力培育的物联网产业发展关键要素和关键因素（见图7.9）。根据辩证唯物主义的观点，事物矛盾分为主要矛盾和次要矛盾，抓住主要矛盾，就抓住了事物的本质。物联网产业发展和竞争力的培育和形成也是由多种要素和因素互相影响、相互作用的结果，抓住发展过程中的主要影响要素及掌握竞争力培育的主要要素，从主要影响要素和因素出发，在发展物联网产业的道路上可以少走弯路，培育出物联网产业的竞争力。

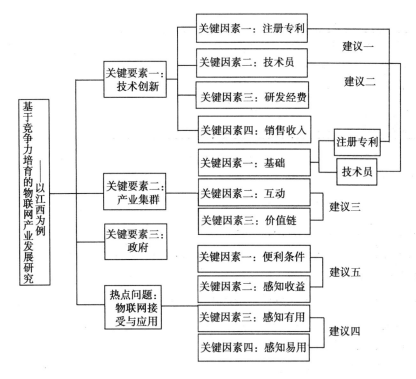

图 7.9　本书第三至第六章研究结果逻辑

一　培育物联网专利技术竞争力

本书第四章的研究结果表明，影响物联网技术竞争力的主要因素为专利、技术员的数量和比重、研发经费和销售收入。其中东部地区企业的物联网技术竞争力的主要影响因素为注册专利和技术员，而中西部地区主要是销售收入和研发经费，表明两类地区物联网技术不同的发展水平。中西部地区的物联网企业技术发展终究要转移到依靠专利推动技术竞争力的阶段上来，因此，江西作为中部省份，要在物联网产业的发展中抢占先机，物联网技术的研发就应该多出专利。

（一）江西的物联网专利状况

表 7.4　　　　　　　　　国内各省市物联网专利申请量　　　　　　单位：件

省份	数量	省份	数量	省份	数量	省份	数量	省份	数量	省份	数量
山东	861	陕西	579	天津	559	四川	550	湖北	546	广东	3579
辽宁	517	台湾	421	福建	364	湖南	291	重庆	286	北京	3294

省份	数量	省份	数量	省份	数量	省份	数量	省份	数量	省份	数量
安徽	269	黑龙江	247	吉林	214	河南	206	河北	180	上海	2803
香港	105	山西	102	江西	83	云南	62	广西	60	江苏	2154
甘肃	57	新疆	38	贵州	36	内蒙古	26	海南	14	浙江	1434
宁夏	13	青海	5										

资料来源：潘颖，卢章平文章《基于专利视角的中美物联网产业比较研究》，《情报杂志》2012 年第 9 期。

　　表 7.4 概括了江西的物联网专利状况。该表显示江西的物联网专利申请量为 83 件，在国内排名第 23 位，在中部地区排名第 6，显示出江西物联网专利产出的薄弱。物联网产业作为靠技术创新驱动的高技术产业，专利是产业发展的引擎。在专利研发中，研发的技术领域的选择、技术生命周期的判断、专利类型选择、专利研发资助项目的选择、专利的战略布局等是要重点思考的方面。江西的物联网企业只有把握好这些问题，研发的专利才能为企业带来竞争优势。

　　（二）技术领域的选择

　　在选择物联网技术研发的领域时，江西的企业和研发机构所面临的一个现实是：基础差，底子薄，高校和全国性的科研院所数量少。在这种家底下，江西要在物联网产业技术发展中有所作为，必然应该走差异化的道路，打差异化牌。具体来说，江西在物联网技术创新的领域选择上，不应该选择那些消耗经费多、耗费时间长、需要多学科多领域人才协作创新的基础性技术研发，而应该选择物联网应用技术研究，这样可以在稍微短的时间内有所作为，并且可以减少研发的风险。例如，美国作为物联网技术发达国家，其大量的物联网技术专利是有关于数据识别和数据表示、测量距离水准、电数字数据处理、无线电定向、信号呼叫装置等的基础性研究，江西作为一个在国内技术实力稍显薄弱的中部省份，对重要的物联网专利技术，如本书第四章的号码为 JP1900000000、JP1928000000 等的十多个核心专利，可以采用专利许可的办法而获得，获得后在上述专利的基础上进行物联网应用技术的研究。回顾世界技术发展的历史，表明科学发现固然重要，但是对科学进行技术化并且大量应用在实际的生活、生产中更能给经济发展带来竞争优势，因此，江西省内企业和研发机构完全可以在物联网研发中以应用技术研究为重点，然后加强产业化以获得竞争优

势。首先，江西作为中部一个典型的农业大省，提升农业的科技含量水平
对提升全省的经济具有重要意义。江西物联网研发机构可以选择农业物联
网研发作为突破口。其次，江西省内钨矿、稀土矿、铜矿资源发达，可以
选择物联网在矿山中的应用进行研发。在研发技术的领域的选择上，应该
少而精，不应大而全。

（三）技术生命周期的判断

在进行技术研发中，研发单位应该准确判断所研发的技术的生命周
期。对于处于成熟期的技术，尽量通过专利许可的办法获得，而对于成长
期的技术，创新的空间较大，江西企业和研发机构可以选择一部分领域涉
足，深入研究。

（四）专利类型选择

专利有三种形式，即发明、实用新型和外观设计。发明专利研究所耗
时间长、投入资金多、研发风险相对较大，而实用新型和外观设计专利研
发的难度相对较低且更容易获得专利权，适合技术基础不是很雄厚的中小
企业，特别适合技术和经济基础都不雄厚的江西省内的企业。选择实用新
型和外观设计专利作为物联网技术研发的突破口，以应用领域的研发培育
江西物联网技术竞争力。

（五）政府对研发资助项目的选择

物联网作为战略性新兴产业之一，政府对大学、研究机构、企业的技
术研发进行资助是必要的，我国政府以"物联网专项资金"的形式对较
多的大学、研究机构、企业进行了资助。目前，我国的物联网技术专利申
请人的分布中，80%的数量是来自大学和研究机构（见图7.10），这种状
况存在着科研成果转化的问题，而且科研成果的转化是我国大学和科研机
构的薄弱环节，因此，江西省各级政府在对物联网技术研究进行资助时，
应多选择那些"产学研"相结合的项目，适当地多对物联网企业的研发
机构进行资助，充分发挥企业研发机构与市场联系紧密的优势，那样产出
的专利才能够切实提升江西的物联网技术竞争力。

（六）专利的战略布局

专利研发评估中，除了专利的数量是一个重要的指标外，专利布局也
是很重要的。要不要在国外申请专利？在哪些国家申请专利？众所周知，
专利保护具有地域性，如果专利没有在某国家申请保护，则该专利在该国
不受保护。图7.11、图7.12显示，日本在中国的物联网技术专利申请量

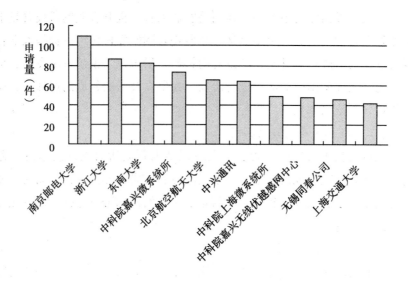

图7.10   中国物联网技术专利申请人排名

资料来源：潘颖、卢章平：《基于专利视角的中美物联网产业比较研究》，《情报杂志》2012 年第 9 期。

达到 4424 件，美国 2626 件，韩国 1959 件，德国 722 件，而中国在美国的物联网技术专利申请量只有 407 件，中国在其他国家的物联网专利申请量也很少，与日、美、韩在中国的物联网技术专利申请量相比，中国的专利国外申请量非常少，表明中国专利权人的专利国际保护意识不强，缺少专利国际化视野。物联网产业作为战略性新兴产业，其技术保护应该在全球布局，这样才能够获得更多的专利利益。江西在专利的研发上，要注重专利研发的产出，更要注重对产出的专利做好国际化保护，特别要在物联网技术竞争力较强的美国、日本、韩国、欧盟内国家申请得到保护，以培养和提升专利技术竞争优势。

二   加强物联网技术人才的培养

（一）提高物联网技术员的数量

在物联网技术竞争力的评价中，技术员和技术员比例与技术竞争力的关联度较高，显示出技术员作为物联网技术创新的人力资源的动力作用。物联网技术员包括电子、通信、软件以及物联网专业的大学毕业生，还包括广大的高职院校、中等职业学校上述专业的毕业生。从大学来看，江西有普通本科院校 24 所，仅有 4 所学校开设物联网技术或物联网工程专业

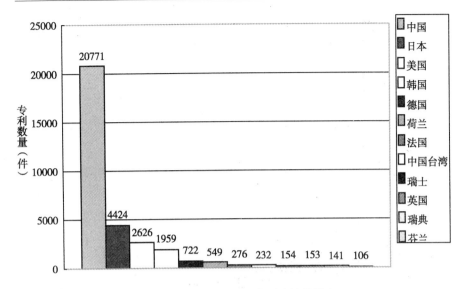

图7.11　在中国物联网专利申请量排序

资料来源：潘颖、卢章平：《基于专利视角的中美物联网产业比较研究》，《情报杂志》2012年第9期。

（见表7.5）。江西的高职院校数量达48所，独立学院13所，应充分发挥大量的高职院校和独立学院的作用，尽早开设物联网相关专业。

表7.5　　　　至2012年9月全国开设物联网专业的高校数量

省份	数量	省份	数量	省份	数量	省份	数量	省份	数量	省份	数量	省份	数量
北京	5	天津	3	上海	3	重庆	7	河北	5	江苏	22	浙江	4
河南	8	陕西	10	山东	7	黑龙江	10	辽宁	5	吉林	4	安徽	8
四川	10	湖北	6	湖南	4	山西	1	甘肃	2	云南	2	江西	4
广东	5	广西	3	海南	1	新疆	1	福建	3	内蒙古	1		

不过在开设物联网相关专业时，大学、高职院校、中等职业学校的目标定位应该有所不同。大学重在中高级层次人才的培养，如传感器产品研发人员、嵌入式软件设计人员、物联网应用软件设计与测试人员、物联网产品电子线路设计与测试人员等，而广大的高职院校的培养重点应放在物联网产品与项目的市场营销、物联网工程项目的售后服务与维护、项目实施等专业人员的培养上。针对江西的教育的实际，南昌、景德镇、新余三市有国家级高新技术产业开发区，具有一定数量的物联网企业，能提供实践实习的机会，易于产学研三方互动，重点放在物联网高级层次人员的培

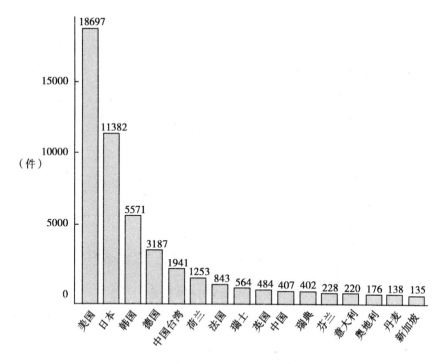

图 7.12　在美国物联网技术专利申请量排序

资料来源：潘颖、卢章平：《基于专利视角的中美物联网产业比较研究》，《情报杂志》2012 年第 9 期。

养上。

（二）提高物联网技术员的质量

在提高物联网技术人员数量的过程中，提高人员的质量尤其重要。物联网涉及的技术包括感应器、二维码、GPS、有线网络、无线网络、云计算等诸多技术，因此，与以往的计算机、软件或者电子专业的学生培养不同，物联网技术人才必须具备学科知识复合性、创新性、应用实践性。

注重培养和提高学生的复合知识能力。物联网涉及的技术非常广，物联网相关专业学生与以往的计算机、电子等专业学生相比，要学习知识的范围要广得多，因此，物联网相关专业的学生应该是具有多层次知识、多学科背景。他们不仅要学习电子、通信等专业课程，还要学习运营、管理和维护等课程，不仅要具有技术开发能力，还要具有技术与项目的管理能力。江西的高校在物联网相关专业课程的教学中，应该提倡多学科课程互修，文、理、工渗透和结合的教学模式，前瞻性地把培养的重点放在复合型人才的培养上，这样培养出来的学生才能顺应快速变化的信息时代的要求。

注重培养和提高学生的创新性。物联网的应用注重应用创新，是建立在应用创新的创新 2.0 的基础之上。因此，物联网专业的学生应该注重培养创新能力和创新精神，不拘泥于常规的思维方式，勇于尝试新鲜事物，善于表达新的思想。

注重培养和提高学生的实践能力。物联网产业是以应用带动发展的产业，因此，作为未来物联网的技术人才，应该具备较强的动手实践能力。为了提高学生的实践能力，学校可以聘请物联网企业的技术骨干作为学校的"兼职老师"参与到学生的培养中来，增强学生的实践能力。学校在教学中要加大学生到对口企业实习的力度，把在企业实习的表现列入课程考核的范围，这样有利于真正提高学生对实践的认识，达到培养实践能力的目的。长期以来，江西的考生在各项考试中以高分著称，但是实践能力则相差较远。建议江西开设物联网相关专业的高校多加强与深圳、广州、上海、无锡物联网企业的联系，与他们签订合作培养学生的协议，改革课程的设置，在本科教学中腾出达 1—1.5 年的时间供学生在企业实习。在实习的时间分配上，可以在每个学期的中途学习完理论课后，剩下的半学期就到企业实践，由带队老师和企业主管共同决定学生的总成绩。通过实践，切实培养和加强学生的实践能力。

三　建立物联网产业联盟

根据本书第五章产业集群竞争力的评价结果，产业联盟是影响产业集群竞争力的首要因素。产业联盟作为一种介于社会和企业之间的组织，对加强企业沟通、协同技术创新、整合上下游产业链、共同开拓市场方面能创造单个企业不能比的优势。在培育江西物联网产业竞争力过程中，以高新区为依托建立物联网产业联盟可以发挥重要的作用。

江西目前有国家级高新技术产业开发区 3 个，分别为南昌高新技术产业开发区、景德镇高新技术产业开发区和新余高新技术产业开发区。鉴于江西高新区目前的产值不高及创新能力不强的现状，建议上述三个国家高新技术产业开发区联合起来，建立"南—景—新物联网产业联盟"。以南昌高新区为核心，以景德镇高新区和新余高新区为两翼，整合三区的创新资源和地方优势。

物联网产业联盟可以有效地对知识进行传导，加速物联网技术扩散，加速提高物联网技术创新的效率。但是，物联网产业联盟上述优势的获得是建立在产业联盟有效的知识传导的基础上的。在影响企业网络知识传导绩效的因素中，学者们提出四个维度的因素，即广度、密度、速度和交互度。

（一）提高"南—景—新物联网产业联盟"的广度

产业联盟的广度指网络成员拥有知识的数量和范围。用网络的范围和知识多样性表示。网络范围指产业联盟中企业的数量，知识多样性是指产业联盟中企业间知识的"异样性"。在产业联盟中，企业数量较多，相互之间的交流就多，就越利于企业网络的形成，企业之间的关系也密切。企业拥有不同的知识，"差异化"越大，不同知识的碰撞会产生新的思想，有利于技术创新。物联网技术包含众多的子技术，技术人员需要不同学科的知识，因此，产业联盟的广度与产业联盟的绩效成正相关。

针对江西目前的三个高新区，未来的"南—景—新物联网产业联盟"企业数量稍显不足。南昌高新区有企业 2000 余家，区内有世界 500 强德国贝塔斯曼欧唯特、日本日立物联网、美国甲骨文、戴尔，以及我国台湾百大企业英华达、国内软件百强中兴、用友软件、先锋软件等知名企业。新余高新区有 300 余家企业，形成了以光伏产业为核心和以动力与储能电池、风力发电、节能减排设备产业为补充的"一大三小"新能源产业发展格局。景德镇高新区的企业数量不多，产业分布也较为单一。从三个高新区的现状看，企业数量少，物联网相关企业则更少，企业间知识较单一，没有形成较高程度的知识多样性。

南昌高新区、景德镇高新区和新余高新区应该制定较为优惠的政策以吸引较多的企业入驻园区，使产业联盟的"结网"能力由弱变强，密集的网络联系更易于非编码化知识的传播以及经验类隐性知识的扩散。引进物联网的感知层、传输层和应用层企业，动员中关村、深圳、无锡和上海张江的物联网企业到上述三个园区开设分公司或子公司，争取在园区开设研究机构。通过增加产业联盟企业数量，强化企业网络知识的多样性，增强园区产业联盟的广度，从而培育产业联盟物联网企业的竞争力。

（二）增强"南—景—新物联网产业联盟"的密度

产业联盟的密度是指联盟内企业进行交流、知识共享的频率。频率越高，企业间的交往越密切，技术创新的氛围就越浓厚。用网络关系强度和网络规则来表示。网络关系强度是指联盟内部的企业之间的"产供销"

交易的频数。"产供销"看似一种交易关系，但是其中蕴含的显性知识交流和隐性经验类、不可言喻的非编码化知识的传递尤为重要。所以，为了增强"南—景—新物联网产业联盟"的密度，当地管委会或政府应该鼓励园区内企业多从本园区内购买所需要的原材料、半成品以及服务类产品。

要使园区内企业在本区内购买产品或服务，一个重要的条件是园区内要有企业购买的产品和服务。目前，南昌高新区有航空产业、LED 产业、光伏产业、软件服务外包产业、新材料产业以及信息机手机产业等与物联网相关的产业，但是离完整的物联网产业链还有一段很长的路要走。物联网的感知层主要是各种传感器等信息获取、传感设备，南昌高新区目前还比较缺乏感知层的企业。建议从无锡、上海等地区引进感知层的物联网企业，拉长园区内物联网产业链，增加联盟内部产供销的密度。

在增强联盟内企业间"产供销"的网络关系强度后，制定联盟间交流的规则是使联盟成员网络联系常态化的一种治理方式。通过制定交流的规范、共同开拓市场的愿景、技术标准制定工作的协调规范、上下游产业链的合作规范，使联盟内企业间的知识传递网络关系增强，从而提升联盟内企业的绩效。

（三）提高"南—景—新物联网产业联盟"的速度

在快速发展的时代，物联网产业联盟也要提高联盟内企业之间吸收知识的速度，从而尽快抢在知识的老化期到来之前，让所获得的知识为企业所用。增强联盟内企业的学习能力是提高知识传导速度的关键。

建立物联网产业联盟内部企业职工的业余大学或创业学院是可行的办法。产业联盟内企业数量多，需要的各种技能广，由产业联盟来创办培训学院比较合适。在学员学习交流的过程中，知识网络的密度和广度相应增强，从而也加快了知识传递的速度。

加快知识传递的另外一种方法是企业内部建立培训学院。在企业内部建立培训本企业职工的培训学院，毕业颁发国家认可的文凭。这样可以有效地提高本企业职工的文化素质和专业技能，同时无形中为联盟内其他企业的知识获取提供无偿的知识源。

未来的"南—景—新物联网产业联盟"可以建立自己的联盟学院，与国内其他的物联网产业联盟学院互派学员，增强联盟间知识的流动。

（四）增强"南—景—新物联网产业联盟"的交互度

网络的交互度指网络成员之间的协同关系的强弱。交往越密切，彼此之间越容易达成默契，则交互度越强。未来的"南—景—新物联网产业联盟"可以组织开展多种形式的面向不同企业的学习活动，还可以开展多种形式的文娱活动、体育活动，以及联盟内的人才交流活动，提供渠道让处于技术高位的公司主管们向求职者传递技术需求信息，这种招聘活动表面是用工供求，实质上是技术交流。

（五）建立"南—景—新物联网产业联盟"的物联网标准协调部门

在物联网技术标准形成之前，产业联盟还应担负起协调制定技术标准的重任。联盟内企业数量多，对技术研发有各自的目标，其中较多的研发是重复性的研发，因此，未来的物联网产业联盟应成立标准协调部门，专门对各个企业的研发活动进行协调，建立联盟内企业的专利共享机制，调剂企业间的技术力量，创新企业合作的分配机制，最终制定物联网技术标准。

四　建立物联网示范工程

根据本书第六章的研究结果，用户对物联网项目的感知有用性和感知易用性将会影响用户对物联网技术的接受和应用。也就是说，用户觉得物联网产品为他们生活提供了方便并且又简单易用，则用户倾向于接受并使用物联网产品。因此，为了切实使普通百姓感觉到物联网产品有用并且易用，培育未来物联网产业的竞争力，建立物联网示范工程非常重要。

当前，国内相继建立了物联网示范工程。国家在 2011 年推出了 10 个物联网示范工程（见表6.8），地方也根据当地特色建立了示范工程和示范基地。江西正在建设"智能电网"示范工程。但是目前已有的物联网示范工程到底有没有起到示范作用？根据已有的物联网示范工程的建设经验，要培育江西物联网产业未来竞争力，示范工程的规划单位至少应该做以下的思考。

（一）示范工程选择的原则

建设物联网示范工程的目的应是对物联网产品和物联网应用起到推广作用，以使更多的消费者购买物联网产品和进行物联网服务消费。基于上述建立示范工程的初始目的，在选择建立物联网示范工程时应该遵循下列原则。

1. 示范性。就是在选择物联网示范项目时，应该真正选择那些对物联网产品和物联网服务起推广作用的项目，而不要让物联网示范项目成为一些单位争夺物联网专项资金的竞技场。选择对普通百姓经常接触的、与他们生活联系紧密的项目作为示范项目，更能够体现示范性。

2. 市场性。国内的物联网应用项目中，以政府埋单的项目为主，体现出浓厚的"政府主导性"。但是，物联网产业作为战略性新兴产业之一，最终要靠赢得市场才能够培育竞争力。因此，在物联网示范项目的选择中，应该选择那些市场推广性较强的项目。具体来说，就是选择那些易于产业化的项目作为试点，而不要选择太多公共服务或公共管理方面的项目，因为即使公共领域的项目取得成功，取得的经验在其他领域也不易推广。选择市场性较强的项目作为示范工程，摸索示范工程项目的商业模式，然后以点带线、以线带面全面铺开，形成规模物联网经济。

3. 民生性。选择一些民生工程作为示范项目，普通百姓能经常使用物联网产品或服务，则民众易于接受物联网。

（二）江西物联网示范工程选择

根据江西已有经济实力，以及江西作为传统农业大省的定位，基于上述物联网示范工程选择的基本原则，本书认为，江西可以选择智慧医疗、智慧农业作为物联示范工程的基点。

1. 智慧医疗。医疗是一个重大的民生工程，每个人都会接触到医疗机构，医院作为一个窗口单位，目前的拥挤现象非常严重，并且办事效率不高，严重影响患者对医院的满意度。因此，选择医院作为物联网示范工程的单位，民众可以亲身体验物联网产品或服务的便利，口碑宣传效果好，涉及的人口面广，较易接受物联网产品和服务。并且江西省内大大小小的医院总共有318家，如果医院的物联网示范工程取得成功，则具有较强的推广价值。

2. 智慧农业。江西作为一个农业大省，其农业却并不强。农业人口3200万，占总人口的77%。江西农业中，赣南脐橙、广昌白莲、南丰蜜橘、庐山云雾茶、泰和乌鸡、军山湖清水大闸蟹等都是市场上较为知名的品牌。因此，选择一两种农产品溯源作为物联网示范工程，其推广价值高，未来市场广，广大农民也较容易接受和使用。

（三）建设物联网示范工程的措施

1. 广泛动员物联网示范工程项目建设的相关单位，提高示范工程的合作水平和示范工程的开放性。由于物联网涉及的行业多，管理复杂，不像以往的其他行业示范项目，物联网示范工程建设并不是一两个单位就能建成的，而需要许多相关单位联合起来，共同建设物联网示范工程。目前，许多的物联网示范工程由一个单位主导，缺乏相关单位纵横协作，这样建设起来的物联网示范项目将面临较多的困难。因此，广泛发动与物联网示范工程相关的单位，让众多的行业和主体投身进来，可以解决实际中较多的困难，同时也可以多点铺开，扩大物联网应用的规模。

2. 政府的参与与定位。在物联网示范工程的建设中，政府大多会参与到建设中来。政府可以提供资金，协调不同单位之间的关系。但由于政府自身的性质与企业不同，在建设物联网示范工程中较少站在行业或企业的角度进行推广。政府多了解企业和用户对物联网的需求，以需求为示范工程的起点，这样示范工程才具有较强的生命力，从而取得成功的经验而向其他行业铺开。

3. 加强对物联网示范工程的宣传。示范工程的成功取得，宣传是重要的组成部分。利用强势媒体如央视等频道资源进行宣传，针对物联网潜在消费者群体，研究他们的消费特点，合理选择宣传媒体，让社会民众了解物联网，普及物联网知识。

4. 注重示范工程效果的验收工作。示范工程如果建设不好，很容易半途而废。在示范工程建设之初，主管单位应该制定验收的标准，细化评估体系，以指导示范工程的建设。将验收工作分成不同的阶段和环节，不仅在建设完成后验收，而且要在建设工期到一半、三分之二等时段验收，这样可以掌握建设的动态，解决实际中存在的问题，提高示范工程的成功率，达到示范的效果。

五　政府、社会提供更多使用物联网产品的便利

本书第六章的研究结果表明，便利条件和感知收益是物联网技术接受和应用的两个主要影响因素。政府、社会为物联网产品和服务提供的便利越多，人们的感知收益越高，则越倾向于接受物联网产品和服务。目前，政府已经对物联网相关的研究、生产单位以"物联网专项进资金"的形式进行补贴，但在专项资金申请、使用以及研发的知识产权等问题上，需要进一步明确。

（一）专项资金申请

物联网是一个市场规模巨大，影响民生深远的产业，各行各业都需要物联网技术以提升本行业的生产效率。因此，在国家资金资助时，应该把

资助面放宽广一些，不能只资助技术研发机构而忽视对应用项目的资助。事实上，在技术攻关阶段对研发多进行资助是理所当然的，但是物联网是典型的以应用带动发展的产业，忽视了对物联网应用的资助，则其技术也失去了施展功效的场所，应对应用项目的专项资金申请与研发项目的申请一视同仁。

（二）专项资金的使用

专项资金来自公民的纳税，对专项资金的使用应该有严格的管理规定。对科研项目，要对研究成果的完成情况制定相关的验收程序，避免专项资金发放后挪作他用。对应用项目的专项资金，应明确上报资金的用途。

（三）对于目前大多数物联网专项资金资助的科研成果，要明确研究成果的归属，以增加国家的知识产权的储备

本 章 小 结

本章首先分析了江西 IPv4 与 IPv6 地址、手机普及率、软件产业和电子信息制造业的发展情况，然后从"钻石模型"的生产要素、需求条件、产业结构/战略、相关和支持性产业、政府以及机遇等方面分析了江西发展物联网产业的环境，基于本书第三、四、五、六章的研究结论，提出了江西培育物联网产业竞争力、发展物联网产业的 5 条建议：培育物联网专利技术竞争力、加强物联网技术人才的培养、建立物联网产业联盟、建立物联网示范工程政府、社会提供更多使用物联网产品的便利等。

第八章 结论与展望

第一节 研究结论

本研究通过理论分析、实地调研，利用相关的统计方法进行论证分析，得到下列的结论：

1. 影响形成期的物联网产业竞争力的主要因素是：产业技术创新、产业集群及政府。

产业技术创新是影响形成期物联网产业竞争力的最主要因素。物联网产业作为高技术产业，其本身的高技术性决定了技术创新的重要性。专利、技术员等是技术创新基础资源。政府在物联网产业的形成中起着引导的作用，对于形成期的物联网产业竞争力的塑造尤其重要。主要表现为政府制定产业规划，拨付专项发展资金等。产业集群能为企业获取规模经济和范围经济，更能够为企业创造技术创新的氛围，从而促进物联网技术创新。

2. 影响物联网技术竞争力的主要因素是：东部主要是专利，而中西部主要是代表技术接受度的销售收入。两者的区别显示：东、中西部物联网产业的技术发展不平衡；东部物联网企业主要依靠创新驱动，而中西部的物联网企业则还处于依靠销售收入获取研发资金的企业传统技术创新阶段。

3. 影响物联网产业集群竞争力的主要要素为基础、互动和价值链，而体现上述要素的因素为协会/联盟、专利和技术人才等。加强物联网产业集群的协会与联盟建设，建立更多的物联网技术联盟、产业联盟将有利于产业集群竞争力的提高。加强集群内企业的互动，创造技术创新的良好氛围，将有利于培养更多的物联网技术人才，产出更多的专利，进一步形成物联网技术的标准，从而逐步爬向物联网价值链的高端。

4. 影响物联网技术接受与应用的主要因素是便利条件、感知收益、感知有用性和感知易用性。根据上述主要影响因素，政府应该提供更多的使用物联网产品和服务的便利，社会要创造使用物联网产品的氛围，通过降低成本等提高物联网使用者的感知收益。利用多种宣传工具，让物联网使用者感觉到物联网技术有用性，设计更加便捷、人性化的物联网产品增强物联网产品的易用性。

5. 对培育江西物联网产业竞争力的建议是：培育物联网专利技术竞争力、加强物联网技术人才的培养、建立物联网产业联盟、建立物联网示范工程、政府社会提供更多使用物联网的便利等。

第二节　展望

本研究是在资料、数据非常缺乏的情况下完成的，加上物联网是个新鲜事物，研究难度较大，所以还存在较多的不足。具体来说，首先，本研究中有关物联网产业竞争力的调查问卷是自行设计的，其信度和效度虽然达到了要求，但是仍然存在信度和效度不高的缺陷，这需要以后多加强基础理论的研究，准确把握物联网产业发展的客观规律及物联网产业竞争力形成的机理，形成更加完善的问卷。其次，本研究的调研范围较窄，应该广泛地对普通百姓进行调研，而不仅仅是学生、企业主管、高校教师等群体，使得问卷更具有代表性。再次，竞争力是一个动态的概念，应该持续地对某一具体的区域物联网产业竞争力进行基于时间序列的跟踪，取得时间序列数据，那样才能准确把握物联网产业竞争力的主要因素，为决策层提供有意义的参考。

附录 A　有关物联网使用的问卷调查

亲爱的朋友：

您好！

新技术不断呈现，对我们的生活产生了巨大的变化。本次调查是想了解个人或企业对物联网的使用情况。比如，当我们在超市买东西时，不用排队付款，商品上的 RFID 已经自动结账，到医院就医，医生会为病人贴上一个小芯片，以后这个芯片会自动告诉医生该病人的相关信息。本问卷的题目只记录您的看法。答案没有对错，我们会对您的答案严格保密。

您的支持和合作对我们的学术研究非常重要，非常感谢！

一　问卷调查

请在你选择的答案方框内画√（电脑输入：Word 中"插入→特殊字符→数学符号→√→确定"，或直接复制前面√）。

态度 测试题目	完全 不同意	趋向于 不同意	有些 不同意	无法 确定	有些 同意	趋向于 同意	完全 同意
1a. 物联网是一个非常有用的技术	□	□	□	□	□	□	□
1b. 物联网是一个非常棒的创新	□	□	□	□	□	□	□
1c. 物联网给人们的生活带来了便利	□	□	□	□	□	□	□
1d. 物联网让我知道物品从成品到被售出的期间的所有信息，使生活更放心	□	□	□	□	□	□	□
2. 在以下的情况下，如果使用物联网技术比以前的方式更加简便时，我将使用物联网：							
2a. 超市购物	□	□	□	□	□	□	□
2b. 购买火车票	□	□	□	□	□	□	□

续表

态度　　　　　　测试题目	完全不同意	趋向于不同意	有些不同意	无法确定	有些同意	趋向于同意	完全同意
2c. 得知所使用的物品的来龙去脉	☐	☐	☐	☐	☐	☐	☐
2d. 医院就医	☐	☐	☐	☐	☐	☐	☐
3. 当我使用网络系统时，以下几方面对我很重要：							
3a. 计算机和网络系统安全	☐	☐	☐	☐	☐	☐	☐
3b. 阻止恶意软件的进入	☐	☐	☐	☐	☐	☐	☐
3c. 用户身份识别与认证	☐	☐	☐	☐	☐	☐	☐
3d. 我担心在使用物联网时第三方搜集或窃取个人信息	☐	☐	☐	☐	☐	☐	☐
3e. 我认为物联网存在未知的安全风险	☐	☐	☐	☐	☐	☐	☐
4. 对于以下几类可能获得我个人隐私信息的人群，进行有效提防我认为很重要：							
4a. 超市	☐	☐	☐	☐	☐	☐	☐
4b. 火车站	☐	☐	☐	☐	☐	☐	☐
4c. 产品生产厂商	☐	☐	☐	☐	☐	☐	☐
4d. 银行	☐	☐	☐	☐	☐	☐	☐
4e. 电信部门（中国移动、联通和电信）	☐	☐	☐	☐	☐	☐	☐
5. 使用物联网产品时，物联网产品与以下几个方面的兼容性很重要：							
5a. 无须更换已有硬件设备配合物联网的应用	☐	☐	☐	☐	☐	☐	☐
5b. 物联网与现有的网络兼容	☐	☐	☐	☐	☐	☐	☐
5c. 物联网与现有的软件兼容	☐	☐	☐	☐	☐	☐	☐
5d. 与同类但不同企业生产的产品相互兼容	☐	☐	☐	☐	☐	☐	☐
6a. 我认为物联网应用的成本较高	☐	☐	☐	☐	☐	☐	☐
6b. 物联网的应用会增加一些不必要的成本	☐	☐	☐	☐	☐	☐	☐
6c. 物联网的应用不会增加成本	☐	☐	☐	☐	☐	☐	☐
6d. 企业应用物联网的成本较高	☐	☐	☐	☐	☐	☐	☐

续表

态度 测试题目	完全 不同意	趋向于 不同意	有些 不同意	无法 确定	有些 同意	趋向于 同意	完全 同意
6e. 使用物联网的成本与获得的收益相比，我认为成本更多	□	□	□	□	□	□	□
7. 从长期看：							
7a. 物联网的应用将增加企业的收益	□	□	□	□	□	□	□
7b. 未来如果企业不使用物联网，将减少收益	□	□	□	□	□	□	□
7c. 使用物联网将为企业获得更多的市场交易机会	□	□	□	□	□	□	□
7d. 使用物联网将为企业节省管理上的成本，并将增加企业的收益	□	□	□	□	□	□	□
8a. 如果政府提供物联网软件、硬件及物联网网络，我将使用物联网	□	□	□	□	□	□	□
8b. 参加有关物联网使用的知识培训后我可能会使用物联网	□	□	□	□	□	□	□
8c. 如果通信资费、网络费用以及物联网软硬件资费较低，我将使用物联网	□	□	□	□	□	□	□
8d. 培训更多的懂物联网技术和管理的人才对物联网的使用普及很重要	□	□	□	□	□	□	□
9a. 如果条件具备，我将使用物联网产品	□	□	□	□	□	□	□
9b. 我将经常使用物联网相关产品	□	□	□	□	□	□	□
9c. 我将会非常乐意使用物联网产品	□	□	□	□	□	□	□
9d. 如果我是企业领导，我将在企业内推行物联网产品	□	□	□	□	□	□	□
9e. 如果我是企业主管，我非常乐意在我的部门使用物联网产品	□	□	□	□	□	□	□

二　填写人信息

1. 您的性别是：男（　）女（　）

2. 您的学历是：高中（　　）大专（　　）本科（　　）硕士（　　）博士（　　）

3. 您属于的年龄段是：　18 以下（　　）18—30（　　）31—45（　　）46—60（　　）60 以上（　　）

4. 您的身份是：学生（　　）公司职员（　　）大学教师（　　）科研机构人员（　　）公司主管（　　）公务员（　　）其他（　　）

附录 B 有关物联网产业竞争力的问卷调查

亲爱的朋友：

您好！

新技术不断呈现，使我们的生活产生了巨大的变化。本次调查是想了解社会各种因素对物联网企业的市场占有率以及盈利等方面的影响。所谓物联网，是指通过射频识别（RFID）等信息传感设备，按约定的协议，把何物品与互联网连接起来进行通信的网络。我们真诚地希望您如实地填写各题，不要漏答任何题目。答案没有对错，我们会对您的答案严格保密。

您的支持和合作对我们的学术研究非常重要，非常感谢！

一 问卷填写说明

（1）首先请您阅读有关物联网企业的说明。

（2）问卷选项中的问题有五个答案。如下例中，你选择的答案的含义见下面的解释。

例如：我对个人所得税计税起征点调整为 3000 元

其中选项代表的意思是：1＝完全不同意 2＝趋向于不同意 3＝无法确定 4＝趋向于同意 5＝完全同意

二 有关物联网企业的说明

物联网企业，就是以生产物联网产品如射频识别（RFID）、感应器、通信芯片、传感器、条形码、全球定位系统、激光扫描器等信息传感设备，或提供有线网或无线网、无线传感网等网络传输服务以及提供物联网应用软件和基础软件等软件服务的企业。

物联网是国家战略性新兴产业，该产业的发展具有高技术性、高风险性、知识密集性、大部分高端技术靠进口、市场运用十分不够等特点。

三　问卷调查

请在你选择的答案方框内画√（电脑输入：Word 中"插入→特殊字符→数学符号→√→确定"）。

测试题目 ＼ 态度	完全不同意	趋向于不同意	无法确定	趋向于同意	完全同意
1. 政府对物联网企业提供的发展资金，对物联网企业的发展起非常重要的作用	□	□	□	□	□
2. 来自政府对物联网企业的技术研发的资助，对物联网企业的发展非常重要	□	□	□	□	□
3. 政府对物联网产业的发展进行规划和引导，对该产业的发展非常重要	□	□	□	□	□
4. 有关物联网的法律法规的制定有利于物联网的发展	□	□	□	□	□
5. 目前物联网容易造成人们的安全威胁或隐私泄露，对物联网造成的人们的安全威胁或隐私泄露进行管理非常重要	□	□	□	□	□
6. 摸索持续盈利的经营模式对物联网企业的发展非常重要	□	□	□	□	□
7. 物联网企业集中于某一区域，这种状况方便企业技术人员交流、传播信息，更好的进行技术创新	□	□	□	□	□
8. 物联网企业集中于某一区域，共用交通、水电、信息等基础设施，可减少物联网企业的经营成本和交易成本	□	□	□	□	□
9. 物联网企业的原材料供应商、销售市场、售后服务集中于某一区域，可以降低原材料运输成本、抓住销售机会和提高售后服务质量	□	□	□	□	□
10. 物联网企业、研究机构和大学等集中于同一区域，有利于上述组织相互学习进行技术创新	□	□	□	□	□
11. 物联网是知识密集的高技术产业，技术专利对企业的发展非常重要	□	□	□	□	□
12. 物联网是在互联网、传感网等技术的基础上的新技术，对技术自主知识产权的保护有利于物联网企业占据更多的市场	□	□	□	□	□
13. 某物联网企业的物联网技术专利成为国家或国际标准，这样有利于该物联网企业占据更多市场	□	□	□	□	□
14. 物联网企业的创新意识越强，生产的产品与别的企业的产品差别越大，越有利于该企业产品占据更多市场	□	□	□	□	□

续表

态度 测试题目	完全 不同意	趋向于 不同意	无法 确定	趋向于 同意	完全 同意
15. 物联网技术在安防、环境监测、建筑施工等场所的示范运用，有利于物联网企业出售更多产品	☐	☐	☐	☐	☐
16. 物联网的大规模商业运用，能增加物联网企业的利润	☐	☐	☐	☐	☐
17. 物联网技术对电子、通信和软件企业以及传统制造企业的带动作用越大，物联网企业的产品越畅销	☐	☐	☐	☐	☐
18. 物联网技术对社会生活各方面的影响越深远，物联网企业的产品越畅销	☐	☐	☐	☐	☐
19. 物联网技术比以往的技术更节约资源保护生态，物联网企业的产品将会很畅销	☐	☐	☐	☐	☐
20. 物联网企业的产品占据较多的市场，表明该企业具有较强的市场开拓能力	☐	☐	☐	☐	☐
21. 物联网企业在单位时间内能生产出比同行更多的产品，表明该企业具有较强的生产能力	☐	☐	☐	☐	☐
22. 物联网企业比同行获得更多的利润，表明该企业具有较强的综合竞争能力	☐	☐	☐	☐	☐

四　填写人信息

1. 您的性别是：男（　）女（　）

2. 您的学历是：高中（　）大专（　）本科（　）硕士（　）博士（　）

3. 您属于的年龄段是：18 以下（　）18—30（　）31—45（　）46—60（　）60 以上（　）

4. 您的身份是：学生（　）公司职员（　）大学教师（　）科研机构人员（　）公司主管（　）公务员（　）其他（　）

参 考 文 献

［1］陈秀山、张可云：《区域经济理论》，商务印书馆 2005 年版。

［2］杜栋、庞中华、吴炎：《现代综合评价方法与案例精选》，清华大学出版社 2008 年版。

［3］刘小铁：《产业竞争力因素分析》，江西人民出版社 2009 年版。

［4］迈克尔·波特：《国家竞争优势》，李明轩、邱如美译，郑风田校，华夏出版社 2002 年版。

［5］宁焕生、王炳辉：《RFID 重大工程与国家物联网》，机械工业出版社 2008 年版。

［6］芮明杰、富立友、陈晓静：《产业国际竞争力评价理论与方法》复旦大学出版社 2010 年版。

［7］吴灼亮：《中国高技术产业国际竞争力评价——理论、方法与实证研究》，经济科学出版社 2009 年版。

［8］周洪波：《云计算：技术、应用、标准和商业模式》，电子工业出版社 2011 年版。

［9］周洪波：《物联网：技术、应用、标准和商业模式》，电子工业出版社 2011 年版。

［10］易丹辉：《结构方程模型方法与应用》，中国人民大学出版社 2008 年版。

［11］许庆瑞：《研究、发展与技术创新管理》，高等教育出版社 2000 年版。

［12］陈红儿、陈刚：《区域产业竞争力评价模型与案例分析》，《中国软科学》2002 年第 1 期。

［13］陈红川：《高技术产业竞争力评价实证研究》，《软科学》2010 年第 8 期。

［14］曹忠鹏、周庭锐、陈淑青：《多忠诚客户与单一忠诚客户差异比较

研究》，《管理评论》2010 年第 1 期。

[15] C. Kprahald, Hamel：《与竞争者合作然后胜利》，《哈佛商业评论》1989 年第 1 期。

[16] 蔡芸、汝宜红、杨一铭、崔载先：《中韩物流技术竞争力因子分析研究》，《北京交通大学学报》（社会科学版）2012 年第 4 期。

[17] 陈柳钦：《产业集群竞争力问题研究》，《北京科技大学学报》（社会科学版）2009 年第 6 期。

[18] 陈爱娟、赵琳、艾芳：《我国主要低渗透油田技术竞争力评价》，《科技管理研究》2007 年第 7 期。

[19] 长城战略咨询：《物联网产业发展研究（2010）》。

[20] 段小华：《关于当前战略性新兴产业发展阶段的初步判断》，《科技创新与生产力》2010 年第 9 期。

[21] 杜龙政、刘有金：《全球价值链下产业升级与集群式创新发展研究》，《国际经贸探索》2007 年第 12 期。

[22] 方毅、林秀梅、徐光瑞：《东北三省高技术产业竞争力提升策略研究》，《软科学》2010 年第 3 期。

[23] 方毅、徐光瑞：《我国地区高技术产业竞争力评价》，《中国科技论坛》2009 年第 5 期。

[24] 冯英娟、滕福星：《吉林省高技术产业竞争力提升对策研究》，《城市发展研究》2007 年第 3 期。

[25] 范鹏飞、朱蕊、黄卫东：《我国物联网商业模式的选择与分析》，《通信企业管理》2011 年第 4 期。

[26] 范鹏飞、焦裕乘、黄卫东：《物联网业务形态研究》，《中国软科学》2011 年的第 6 期。

[27] 费冬青、徐飞：《上海民营高科技企业核心技术竞争力实证研究》，《科学学研究》2005 年第 2 期。

[28] 管煜武、单晓光：《美国亲专利政策与高科技产业竞争力》，《科学学研究》2007 年第 8 期。

[29] 高秀艳、高亢：《区域高技术产业竞争力评价与对策分析——以辽宁省为例》，《企业经济》2012 年第 1 期。

[30] 高锡荣、梁立芳、陈强：《物联网服务市场潜在需求的影响因素分析》，《华东经济管理》2012 年第 1 期。

[31] 管伟峰、张可、杨旭：《基于结构方程的城市竞争力评价》，《经济与管理》2010 年第 11 期。

[32] 高芙蓉：《信息技术接受模型研究的新进展》，《情报杂志》2010 年第 6 期。

[33] 高常水、许正中、王忠：《我国物联网技术与产业发展研究》，《中国科学基金》2012 年第 4 期。

[34] 高雪莲、翟启江：《基于钻石模型的集群竞争优势的比较研究：张江、新竹与筑波的案例》，《中国科技论坛》2009 年第 11 期。

[35] 黄卫东、岳中刚：《物联网核心技术链演进及其产业政策研究》，《中国人民大学学报》2011 年第 4 期。

[36] 黄宁燕、孙玉明：《法国创新历史对我国创新型国家创建的启示》，《中国软科学》2009 年第 3 期。

[37] 洪勇、康宇航：《基于专利引文的企业间技术溢出可视化研究》，《科研管理》2012 年第 7 期。

[38] 霍翠婷：《企业核心专利判定方法研究》，《情报杂志》2012 年 11 期。

[39] 何家凤：《我国物联网产业财政补贴政策效应研究——基于上市公司的经验数据》，《中央财经大学学报》2012 年第 9 期。

[40] 贾若祥、刘毅：《产业竞争力比较研究——以我国东南沿海省市制造业为例》，《地理科学进展》2003 年第 3 期。

[41] 纪志成、王艳：《中国物联网产业技术创新战略研究》，《江海学刊》2011 年第 6 期。

[42] 贾根良、杨威：《战略性新兴产业与美国的崛起》，《经济理论与经济管理》2012 年第 1 期。

[43] 刘国亮、薛欣欣：《比较优势、竞争优势与区域产业竞争力评价》，《产业经济研究》2004 年第 3 期。

[44] 李钢、董敏杰、金碚：《比较优势与竞争优势是对立的吗?》，《财贸经济》2009 第 9 期。

[45] 李卫强：《北京市文化产业竞争力的实证研究》，《国际贸易问题》2012 年第 3 期。

[46] 李晓光、崔占峰、王少瑾：《蓝色经济区域城市海洋产业竞争力评价研究》，《山东社会科学》2012 年第 2 期。

[47] 刘永谋、吴林海:《物联网的本质、面临的风险与应对之策》,《中国人民大学学报》2011 年第 4 期。

[49] 刘铁、王九云:《发达国家战略性新兴产业的经验与启示》,《学术交流》2011 年第 9 期。

[49] 黎春秋、熊勇清:《传统产业优化升级模式研究:基于战略性新兴产业培育外部效应的分析》,《中国科技论坛》2011 年第 5 期。

[50] 李遵白、吴贵生:《基于技术线路图的物联网产业布局研究》,《企业经济》2011 年第 6 期。

[51] 李遵白、吴贵生:《物联网的演进与中国物联网产业竞争力分析》,《前沿》2011 年第 3 期。

[52] 卢涛、周寄中:《我国物联网产业的创新系统多要素联动研究》,《中国软科学》2011 年第 3 期。

[53] 娄永美:《基于专利分析的技术发展趋势研究》,硕士学位论文,北京工业大学,2011 年。

[54] 刘桂锋、王秀红:《基于专利地图的薄膜太阳能领域专利引证分析》,《科技管理研究》2012 年第 14 期。

[55] 栾春娟:《专利文献计量分析以与专利发展模式研究——以数字信息传输技术为例》,博士学位论文,大连理工大学,2008 年。

[56] 梁莱歆、张永榜:《我国高新技术企业技术竞争力实证分析》,《科研管理》2005 年第 1 期。

[57] 李婧、张旭、赵蕴华、张静:《基于专利引文的技术竞争力研究》,《数字图书馆论坛》2008 年第 11 期。

[58] 李显君、谢南香、徐可:《我国自主品牌汽车企业技术竞争力实证分析》,《中国软科学》2009 年第 5 期。

[59] 刘永谋、吴林海:《极权与民主:物联网的偏好与风险——以圆形监狱为视角》,《自然辩证法研究》2012 年第 5 期。

[60] 刘友金:《产业集群竞争力评价量化模型研究》,《中国软科学》2007 年第 9 期。

[61] 刘友金:《焦点企业成长视角的产业集群与创新网络耦合演进》,《湖湘论坛》2010 年第 5 期。

[62] 陆永:《物联网条件下公共安全管理》,《城市问题》2011 年第 2 期。

［63］刘勇燕、郭丽峰：《物联网产业发展现状及瓶颈研究》，《中国科技论坛》2012 年第 4 期。

［64］刘恒江、陈继祥：《产业集群竞争力研究综述》，《外国经济与管理》2004 年第 10 期。

［65］穆荣平：《中国航空航天器制造业国际竞争力评价》，《科研管理》2003 年第 11 期。

［66］马向阳、阴新月、陈卫东：《基于无源协同机理的高技术产业竞争力评价研究——以天津市为例》，《科技与经济》2011 年第 10 期。

［67］仇方道、朱传耿：《区域产业竞争力综合评价研究》，《国土与自然资源研究》2003 年第 3 期。

［68］邱善勤：《物联网产业发展阶段分析》，《中国科技投资》2010 年第 10 期。

［69］孙其博、刘杰、范春晓、孙娟娟：《物联网：概念、架构与关键技术研究综述》，《北京邮电大学学报》2010 年第 6 期。

［70］孙冰、林婷婷：《我国高技术产业竞争力与技术创新的关系研究》，《中国科技论坛》2012 年第 1 期。

［71］施军：《江苏物联网产业技术发展路径实证研究》，硕士学位论文，南京邮电大学，2011 年。

［72］孙涛涛、唐小利、李越：《核心专利的识别方法及其实证研究》，《图书情报工作》2012 年第 2 期。

［73］税伟、陈烈：《产业集群系统的钻石系统分析框架与应用路径》，《经济问题探索》2009 年第 6 期。

［74］赛迪顾问：《2010—2011 年中国物联网产业发展研究年度报告》。

［75］赛迪顾问：《中国物联网产业地图白皮书（2011 年）》。

［76］赛迪顾问：《中国物联网产业发展现状及未来趋势》，《通讯世界》2012 年第 3 期。

［77］吴亮：《物联网技术服务采纳与个人隐私信息影响研究》，博士学位论文，电子科技大学，2011 年。

［78］魏后凯、吴利学：《中国地区工业竞争力评价》，《中国工业经济》2002 年第 11 期。

［79］王志文、王大超：《中国环渤海经济圈产业竞争力要素分析》，《东北亚论坛》2007 年第 5 期。

［80］ 魏大鹏、张慧毅：《技术进步、制度安排与产业竞争力生成能力》，《科学学与科学技术管理》2011 年第 1 期。

［81］《物联网产业发展研究（2010）》。

［82］ 王斌义：《基于 A-U 模型的物联网产业跨越式发展研究》，《科技进步与对策》2010 年第 12 期。

［83］ 吴价宝：《物联网产业发展的国际经验及启示》，《江海学刊》2011 年第 6 期。

［84］ 王建平、曹洋、史一哲：《物联网软件产业链研究》，《中国软科学》2011 年第 8 期。

［85］ 王樱桃：《基于结构方程模型的区域体育产业集群竞争力研究》，《改革与战略》2011 第 12 期。

［86］ 王兴旺：《专利审查员引文及引文分析新观察》，《科技情报开发与经济》2011 年第 25 期。

［87］ 邬贺铨：《物联网的应用与挑战综述》，《重庆邮电大学学报》（自然科学版）2010 年第 10 期。

［88］ 魏守华、石碧华：《论企业集群的竞争优势》，《中国工业经济》2002 年第 1 期。

［89］ 王辑慈、王敬宸：《中国产业集群研究中的概念性问题》，《世界地理研究》2007 年第 12 期。

［90］ 谢蕊蕊、王燕：《基于仿生学的区域产业竞争力形成机理》，《现代管理科学》2012 年第 3 期。

［91］ 谢章澍、朱斌：《高技术产业竞争力评价指标体系的构建》，《科研管理》2001 年第 5 期。

［92］ 邹鲜红、杨涛：《基于产业集群效应的高新技术产业竞争力研究》，《科技进步与对策》2009 年第 4 期。

［93］ 徐光瑞：《中国高技术产业集聚与产业竞争力——基于 5 大行业的灰色关联分析》，《中国科技论坛》2010 年第 8 期。

［94］ 徐光瑞：《中国高技术产业集聚与产业竞争力》，《中国科技论坛》2010 年第 8 期。

［95］ 谢黎、邓勇、张苏闽：《论文引用与专利引用比较研究》，《情报杂志》2012 年第 4 期。

［96］ 徐飞、陈洁、郑菁菁：《上海民营高科技企业核心技术竞争力成因

研究》,《科研管理》2005 年第 3 期。

[97] 徐飞、陈洁、郑菁菁:《上海民营高科技企业核心技术竞争力的政策激励研究》,《上海管理科学》2005 年第 4 期。

[98] 谢新洲、王世雯、肖雯:《北京市高新技术企业技术竞争力实证研究》,《图书情报工作》2009 年第 12 期。

[99] 熊励、武同青、刘文:《区域物联网产业协同发展演化及策略》,《华东经济管理》2012 年第 1 期。

[100] 萧琛、刘丁华:《物联网对美国产业格局和经济结构的影响——虚拟经济与实体经济的"去脱节化"探索之一》,《广义虚拟经济研究》2011 年第 3 期。

[101] 谢洪明、张霞蓉、程聪、陈盈:《网络关系强度、企业学习能力对技术创新的影响研究》,《科研管理》2012 年第 2 期。

[102] 颜鹰:《物联网标准化发展现状及对策研究》,《中国标准化》2011 年的第 12 期。

[103] 易丽蓉:《基于结构方程模型的区域旅游产业竞争力评价》,《重庆大学学报》(自然科学版)2006 年第 10 期。

[104] 杨祖国、李文兰:《中国专利引文分析》,《情报科学》2005 年第 5 期。

[105] 杨光、耿贵宁、都婧、刘照辉、韩鹤:《物联网安全威胁与措施》,《清华大学学报》(自然科学版)2011 年第 10 期。

[106] 朱传耿、赵振斌:《论区域产业竞争力》,《经济地理》2002 年第 1 期。

[107] 赵树宽、石涛、鞠晓伟:《国际市场分割对区域产业竞争力的作用机理分析》,《管理世界》2008 年第 6 期。

[108] 张义梁、白亮:《日本提升高技术产业竞争力的经验值得借鉴》,《经济纵横》2007 年第 11 期。

[109] 张继良、胡荣华:《区域产业竞争力评价体系研究》,《产业经济研究》2010 年第 6 期。

[110] 郑亚莉、宋慧:《中国知识产权保护对高技术产业竞争力影响的实证研究》,《中国软科学》2012 年第 2 期。

[111] 郑珍远、施生旭、贺书伟:《福建省高新技术产业竞争力研究》,《东南学术》2010 年第 5 期。

［112］张小薇、李岱松：《京津冀高新技术产业竞争力评价研究》，《工业技术经济》2009 年第 12 期。

［113］张贤付、刘登宇、周秉根：《基于耗散理论的高新技术产业竞争力研究——以中部地区安徽省为例》，《资源开发与市场》2010 年第 6 期。

［114］张云霞：《物联网商业模式探讨》，《电信科学》2010 年第 4 期。

［115］周晓唯、杨露：《基于"钻石模型"的我国物联网产业发展竞争优势研究》，《理论导刊》2011 年第 8 期。

［116］周晓唯、杨露：《基于"钻石模型"的陕西省物联网产业竞争力的实证研究》，《科学经济社会》2011 年第 3 期。

［117］郑欣：《物联网商业模式发展模式研究》，博士学位论文，北京邮电大学，2011 年。

［118］钟祥喜、肖美华：《江西物联网产业发展路径探析》，《商业研究》2012 年第 7 期。

［119］钟祥喜、肖美华、刘金香：《形成期物联网产业竞争力影响因素分析》，《商业研究》2012 年第 10 期。

［120］周寄中、蔡文东、黄宁燕：《提升企业技术竞争力的四项指标》，《科技管理研究》2005 年第 10 期。

［121］张冬丽、李庆恒、张炳烛：《企业技术竞争力分析及实证研究》，《科技进步与对策》2011 年第 1 期。

［122］张辉：《产业集群竞争力的内在经济机理》，《中国软科学》2003 年第 1 期。

［123］赵昆：《信息技术用户接受模型研究现状分析及展望》，《云南财经大学学报》2007 年第 4 期。

［124］Andrés Barge-Gil · Aurelia Modrego，"The impact of research and technology organizations on firm competitiveness. Measurement and determinants"，*J Technol Transf*，Vol. 36，2011.

［125］Baptidta R，"Geographical Clusters and Innovation Diffusion"，*Technological Forecasting and Social Change*，2001.

［126］Carayannis EG，"Firm evolution dynamics：towards sustainable entrepreneurship and robust competitiveness in the economy and society"，*International Journal of Innovation and Regional Development*，Vol.

1, 2009.

[127] Carbonara N, "Innovation process within geographical clusters: a cognitive approach", *Technovation*, 2004.

[128] Compeau D. Higgins C, A, Huff S. L, "Social Cognitive Theory and individual reactions to computing technology: A longitudinal study", *MIS Quarterly*, Vol. 23, 1999.

[129] Duquennoy S, Grimaud J J G, "Vandewalle. Smews: Smart and Mobile Embedded Web Server", International Conference on Complex, Intelligent and Software Intensive Systems, 2009.

[130] Daniele Miorandi, Sabrina Sicari, Francesco De Pellegrini, Imrich Chlamtac, "Internet of Things; Vision, applications and research challenges", *Ad Hoc Netorks*, Vol. 10, 2012.

[131] D. Gefen. D. W. Stranb, M. C. Boudreau, "Structural Equations Modeling and Regression: guidelines for research practice", *Commucations of AIS*, Vol. 4, 2000.

[132] D. Jolly, "The issue of weighting in technology portfolio management", *technovation*, Vol. 23, 2003.

[133] D. Jolly, "Chinese vs. European vies regarding technology assessment: Convergent or divergent?", *technovation*, Vol. 28, 2008.

[134] D. Jolly, "Development of a two-dimensional scale for evaluating technologies in high-tech companies : An empirical examination", *Journal of Engineering and Technology Management*, Vol. 29, 2012.

[135] D. Gefen, D. W. Stranb, M. C. Boudreau, "Structural Equations Modeling and Regression: guidelines for research practice", *Commucations of AIS*, 4, Articles 7, 2000.

[136] Éric Branger and Sonia Hammes-Adelé, "Ergonomics and Health Aspects", *HCII*, 2011.

[137] F. D. Davis, "Perceived usefulness, perceived ease of use, and user acceptance of information technology", *MIS Quarterly*, Vol. 13, 1989.

[138] Fiona Fui-Hoon Nah, Xin Tan, Soon Hing, "An Empirical Investigation on End-Users, Acceptance of Enterprise Systems", *Information*

Resources Management Journal, Vol. 17, 2004.

[139] Gaefield E, "The Impact Factor", *Current Contents*, 1994.

[140] Hu MC, Mathews JA, "National innovative capacity in East Asia", *Res Policy*, Vol. 34, 2005.

[141] Jery Meyer-Stamer, "Understanding the Determinants of Vibrant Business Development: the Systemic Competitiveness Perspective", *Draft Paper*, 2003.

[142] John H Dunning: "Internationalizing Poter's Diamond", *Management International Review*, Second Quarter, Vol. 33, 1993.

[143] Jin Zhouying, "Globalization, technological competitiveness and the 'catch-up' challenge for delevoping countries: some lessons of experience", *International Journal of Technology Management and Sustainable Development*, Vol. 4, 2005.

[144] K. Bolen, "Structural Equations with Latent Variables", *Wiley*, New York, 1989.

[145] Karahanna E, "Symbolic adoption of information technology", *International Decision Science Institue*, Athens, Greece, 1999.

[146] K. Romanow, S. Lundstrom, "RFID in 2005: The What is more inportant than the when with Wal-Mart Edict ", *AMR Research*, Vol. 8, 2003.

[147] Licklider, J. C. R, "Man-Computer Symbiosis", *TRE Transaction on Human Facters in Electronics*, Vol. 4, 1960.

[148] Luigi Atzori, Antonio lera, "GiacomoMorabito. The Internet of Things: A Suevey", *Computer Networks*, Vol. 54, 2010.

[149] Micheal E Poter, *The Competitive Advantage of Nations*, The Macmillan Press Ltd. 1990.

[150] Muhammad Muazzem Hossain and Victor R. Pyrbutok, "Consumer Acceptance of RFID Technology: A Exportary Study", *IEEE Transactions on Engineering Management*, Vol. 55, 2008.

[151] Moore G. C., Benbasat I, "Development of an instrument to measure the perceptions of adopting an information technology innovation", *Information Systems Research*, Vol. 2, 1991.

[152] Narin F, "Patent bibliometrics", *Scientometrics*, Vol. 30, 1994.

[153] OECD, *Innovative Cluster: Drivers of National Innovation System*, Paris: OECD Proceedings, 2001.

[154] ÖzÖ, *The competitive advantage of nations: the case of Turkey*, USA: Ashgate Publishing Company, 1999.

[155] ÖzÖ, "Assessing Porter's framework for national advantage: the case of Turkey", *Journal of Business Research*, 2002.

[156] Rawstorne P, Jayasuriya R, Caputi P, "An integrative model of information systems use in mandatory environment", *International Conference on Information Systems*, Helsinki, Finland, 1998.

[157] Rolf H. Weber, "Accountability in the Internet of Things", *Computer Law &Security Reviw*, 2011.

[158] Rolf H. Weber, "Corporate social responsibility as new challenge for the IT industry Computer", *Law &Security Reviw*, 2012.

[159] Rolf H. Weber, "Internet of Things—Need for a new legal environment?", *Computer Law &Security Reviw*, 2009.

[160] Rolf H. Weber, "Internet of Things—New security and privacy challenges", *Computer Law &Security Reviw*, 2010.

[161] Ronde P, "Technological clusters with a knowledge-ansed principle: evidence from a Delphi investigation in the French case of the life sciences", *Resarch Policy*, 2001.

[162] Satoshi Kawachi, "Technological competitiveness in the chemical industry", *Computers&Chemical Engineering*, Vol. 29, 2004.

[163] Simmie J, et al, "Local innovation system governance and performance: a comparative analysis of Oxfordshire, Stuttgart and Toulouse", *International Journal of Technology Manangement*, 2004.

[164] Slanghter G L, Traversat B A, Block R J, "Highly-available distributed cluster configuration database", 1997.

[165] Steiger J. H, Shapiro A, Browne M. W, "On the multivariate Asymptotic Distrhbution of Sequential Chi-spuare Statistics", *Psychometrica*, Vol. 50, 1985.

[166] Taylor S, Todd P. A, "Understanding information technology usage: A

test of competing models", *Information Systems Research*, Vol. 6, 1995.

[167] Venkatech V, Davis F. D, "A theoretical of the technology acceptance model: For longitudinal field studies", *Management Science*, Vol. 46, 2000.

[168] Viswanath Venkatech, F. D. Davis, "A theoretical Extension of the Technology Acceptance Model: Four longitudinal field studies", *Management Science*, Vol. 46, 2000.

[169] Venkatech A, Morris M. G, Davis G. B, "User acceptance of information technology: Toward a unified view", *MIS Quarterly*, Vol. 27, 2003.

[170] Venkatesh, Hillol Bala, " Technology Acceptance Model3 and a Research Agenda on Inteventions", *Decision Sciences*, Vol. 39, 2008.

[171] Yuichio Uchida, Paul Cook, "The effects of competition on technological and trade competitiveness", *The Quarterly Review of Economics and Finance*, Vol. 45, 2005.

[172] Zviran M, Pliskin N, Levin R, "Measuring User Satisfaction And Perceived Usefulness In The ERP Context", *The Journal of Computer Information Systems*, Vol. 45, 2005.

[173] Zheng Mingxiu, Fu Chunchang, Yang Minggen, "The Application used RFID in Third Party Logistics", *Physics Procedia*, 2012 .

[174] Zmud RW, "An examination of 'push-pull' theory applied to process innovation in knowledge work", *Manage Sci*, Vol. 30, 1984.

致　谢

　　本书终于完成了，在本书的构思、写作以及修改等过程中，凝聚了很多人的心血。在此一一感谢！

　　首先要感谢我的导师肖美华教授。肖老师严谨的治学态度、国际化的学术视野让我受益良多，使我深深感受到做学问就是应该一丝不苟。同时，肖老师在学习中严格教导，生活上却对学生关爱有加，学生深深地感动，感谢肖老师的关怀！肖老师培育之恩终生难忘，是我在做学问的道路上永远的典范！肖老师宽广的胸怀、对事业孜孜不倦的追求是学生学习的榜样！再次感谢肖老师的悉心培育！

　　其次，要感谢邓群钊教授。邓老师在非常忙的情况下对我的文章的构思、研究方法、内容等提出较多非常宝贵的建议，让我得到论文写作的点点滴滴加起来的收获。尤其是在我遇到困惑之时，邓老师适时的答疑解惑使我受益匪浅。谢谢邓老师！

　　再次，感谢管理科学与工程博士点的胡振鹏教授、郑克强教授、周绍森教授、陈东有教授、贾仁安教授、涂国平教授、尹继东教授、朱传喜教授、何宜庆教授、黄新建教授、彭迪云教授、刘卫东教授、马卫教授、廖晓明教授、付春教授等老师和专家在开题时提出的宝贵意见！

　　感谢我的爱人刘金香女士，她在我攻读博士期间承担了大部分家务和教育孩子的重任，我的论文的完成离不开她的无私付出！

　　感谢潘兴侠同学、冷碧滨同学、姜睿清同学、邱安民同学、王志平同学一直以来对我的帮助！

　　感谢师弟廖智勇，在我的几次调研中，师弟给予了很大的帮助，并为我查阅了很多的文献资料。谢谢！

　　感谢我的母亲，她虽然年过八十，但是她传给我的向前的精神和毅力，是我一生最宝贵的财富！

最后感谢所有帮助过我的人，在这里虽然不能一一提起，但对你们的帮助永难忘怀！

钟祥喜

2013 年 4 月 11 日